기회를 잡는 사람 놓치는 사람

기회를 잡는 사람
놓치는 사람

2판 1쇄 발행 | 2022년 5월 20일
2판 2쇄 발행 | 2024년 5월 25일

펴낸이 | 이현순
펴낸곳 | 백만문화사
주소 | 서울특별시 마포구 토정로 214
대표전화 | (02) 325-5176
팩스 | (02) 323-7633
신고번호 | 제 2013-000126호
홈페이지 | www.bm-books.com
e-mail | bmbooks@naver.com
Translation Copyright©2018 by BAEKMAN Publishing Co.
Printed & Manufactured in Seoul, Korea

ISBN 979-11-89272-29-6 (03320)
값 16,000원

*잘못된 책은 구입처에서 교환해 드립니다.

SEIZE AN OPPORTUNITY

기회를 잡는사람
놓치는 사람

데이비드 시버리 **지음** ｜ **김은주 옮김**

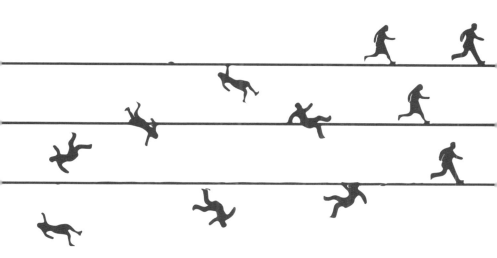

기회는 누구한테나 예외없이 오는 법이다!

｜ 성공은 기회의 결과물 ｜

인생에 다시없는 기회

영국의 작가 사무엘 스마일즈는 그의 저서 〈자본론〉에서 "만약 기회가 찾아오지 않는다고 생각하면 기회를 스스로 만들어내라."고 했으며, 철학자 프랜시스 베이컨 역시 "현명한 사람은 기회를 발견하지 않고 스스로 만들어낸다."고 말했다.

이 두 사람뿐만 아니라 역사적으로 이름을 남긴 유명한 성공한 사람들은 모두 지혜와 용기, 그리고 적극성으로 기회를 만들어나갈 것을 권한다.

사람은 살아가면서 여러 가지 기회를 만난다. 고등학교를 졸업하고 대학에 들어가는 기회에서부터 졸업한 후 취직하는 기회 등 수많은 기회들이 있다. 그러나 일생에 다시없는 기회는 그런 기회를 말하는 것이 아니다. 인생의 성공과 실패를 좌우하는 중요한 기회를 말하는 것이다.

콜럼버스는 신대륙을 발견하려고 오랜 항해 길에 나섰지

만 도무지 대륙이 보이지 않았다. 그러자 선원들은 차츰 초조해지고 불만이 터져 나오기 시작했다. 배 안의 분위기가 극도로 험악했다. 자칫하다가는 폭동이라도 일어날 기세였다.

그러던 어느 날 배 끝에서 보이는 바다에 해초가 보였다. 해초가 바다에 떠 있는 것을 발견한 콜럼버스는 그 해초를 뜯어다가 선원들에게 보이면서 "이 해초는 이 부근에 육지가 있다는 증거요. 그러니 고통스럽고 힘들더라도 조금만 참으시오."라고 말하여 폭발 직전에 놓여 있는 선원들을 진정시켰다. 그리하여 무심코 넘어갈 수 있는 해초 하나를 분위기를 전환시키는 새로운 기회로 만들어 마침내 신대륙을 발견할 수 있었다.

이처럼 기회를 계획적으로 만들든지, 주위의 환경을 이용하든 지 여러 방법을 통하여 기회를 스스로 만들어야 한다. 기회는 아무나 잡을 수 있는 것이 아니라 늘 생각하고 고민하고 갈구하면서 준비하는 사람에게만 그 모습을 드러낸다.

기회는 복권이 아니라 투자다. 기회는 하늘에서 떨어지는 복이 아니라 노력과 인내의 결실이다. 따라서 성공하지 못하는 것은 기회가 없기 때문이 아니라 간절한 꿈이 없었기 때문이다.

기회가 일생에 세 번 오는 것이라고 생각하는가? 그렇다면 세 번밖에 오지 않는 중요한 기회를 붙잡아야 한다. 기회는 지나가고 나면 소용이 없다. 기회가 눈앞에 왔을 때 잡아야 한다. 기회는 가만히 앉아서 기다리는 사람에게 찾아오는 손님이 아니다. 약속 시간에 맞추어 문을 열고 맞이할 수 있는, 내 집을 찾아오는 손님이 아니다. 기회는 전혀 예측할 수 없다. 조용히 내 주위에 숨어 있다. 관심을 갖지 않은 곳에 숨어 있다. 기회를 찾기 위해서 부지런히 노력하지 않으면 안 된다. 기회는 스스로 만들어 가는 사람에게만 찾아오는 손님이다.

　필자는 본서를 통해서 기회를 어떻게 만들어야 하며, 기회를 잡는 사람과 놓치는 사람의 특성에 대해서 모색해 보았다. 독자들은 이 책을 통해서 기회를 어떻게 포착하고 만들 수 있는지 그 비결을 알 수 있을 것이다.

성공은 기회의 산물이다

'성공'의 의미는 사람마다 다 다르다. 성공은 돈을 많이 벌어 부를 이루는 것일 수도 있고, 높은 지위에 오르는 것일 수도 있다. 성공은 그 의미가 무엇이든지 간에 기회가 가져다 준 산물이다.성공은 기회를 통해서 얻어지는 결과물이다. 성공을 가져다 주는 기회는 세 번 온다고 한다. 누구에게나 일생 동안 적어도 성공할 수 있는 기회는 세 번 온다. 세 번 오는 기회는 인생을 바꿀 중요한 기회인 것이다. 인생을 획기적으로 바꿀 수 있는, 극적인 변화를 가져다주는 기회이다.

그런데 어떤 사람은 이 기회를 잡아 자신의 뜻한 바를 이루어 정상의 대열에 오른 사람이 있는가 하면, 기회가 왔을 때 그것이 기회인 줄 몰랐거나 기회를 활용할 줄 몰라 실패의 쓰디쓴 잔을 마시고 일생동안 무의미하게 사는 사람들이 있다. 이들 패자들의 공통점은 기회를 잡고 그것을 활용할 줄 몰랐다는 점이다.

그러면 어떻게 해야 기회가 왔을 때 기회인 줄 알고 붙잡아 정상에 오르는 성공한 사람이 될 수 있을까? 즉 기회를 잡은 사람들의 특징은 무엇이며, 기회를 잡지 못하여 나중에 통한의 눈물을 흘리는 사람들의 특성은 무엇일까? 또한 기회를 포착하기 위해서는 무엇을 해야 하며, 필요한 것이 무엇일까?

저자는 이 책을 통해서 그 해답을 명쾌하게 제시하고 있다. 그리고 기회의 참된 의미와 기회를 붙잡아 성공의 반열에 오르기 위해서 반드시 길러야 할 덕목을 구체적으로 제시했다. 특히 실제 기회를 포착하여 성공한 사람들의 실제 인물을 예로 들면서 누구나 이해할 수 있게 설명하였다.

이 책을 읽는 독자들은 기회를 어떻게 하면 붙잡고, 기회를 만들기 위해서는 무엇을 해야 하는가에 대해서 이해하게 됨은 물론 어떤 환경이나 상황에 처해서도 기회가 주위에 있음을 깨닫게 되어 그것을 위해 전력투구하는 동기를 부여받게 될 것이다.

차례

Part 1

기회의 특성

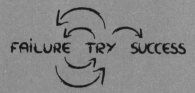

당신은 기회로 가득찬 세상에서 살고 있다.

-본문 중에서-

기회에 대한 세 가지 생각

많은 사람들이 자신에게는 기회가 찾아오지 않아 보통 사람으로 살고 있으며, 주위에서 잘 나가는 사람들은 기회가 많이 찾아와서 오늘의 풍요를 누리고 있다고 생각한다. 기회는 특별한 사람들에게만 찾아가는 것으로 생각한다. 그렇다면 승자와 패자, 성공한 사람과 실패자, 특별한 사람과 보통 사람을 만드는 기회란 도대체 무엇일까?

기회가 무엇인가에 대한 사람들의 생각은 보통 세 가지로 분류할 수 있다.

첫 번째, 기회는 곧 '운'이라고 생각한다. 그리하여 이들은 기회는 운이 좋은 사람에게 찾아오는 것이라고 생각한다. 그리하여 이들은 기회가 와도 기회를 인식하지 못한다.

두 번째, 기회는 일생에 세 번밖에 오지 않는 것으로 인식한다. 기회는 자주 오는 것이 아니라 일생 사는 동안 단

세 번밖에 오지 않는 것이므로 그 세 번이 지나가면 기회는 다시 오지 않는 것으로 생각하고 포기한다.

세 번째, 기회는 스스로 만들 수 있는 것으로 생각한다. 이들은 일생 동안 세 번밖에 오지 않는 것이 아니라 자신의 노력으로 기회를 창조하고 만들 수 있다고 생각한다. 그리하여 이들은 어떤 문제나 위기 때에도 기회가 있을 것으로 생각하고 기회를 찾는다.

사람의 생각은 사람마다 다 다르듯이 '기회'라는 하나의 실체를 두고도 이렇게 다르게 생각할 수 있다. 문제는 어떻게 생각하느냐에 따라 기회를 대하는 자세가 달라진다는 것이다.

기회를 운이라고 생각하는 사람들은 기회를 찾거나 만들려고 노력하지 않는다. 모든 것이 모두 운이며, 성공한 사람들은 모두 운이 좋고 자신은 운이 없어서 그렇게 평범한 삶을 보내고 있다고 생각한다.

그런데 세상 모든 것을 운으로 직결시킬 때 어떤 노력도, 수고도 필요 없게 된다. 이런 사고방식을 가진 사람들은 인생을 실패자로 살 수밖에 없다. 피땀 흘리는 노력 없이 성공은 불가능하기 때문이다.

사람에게는 누구나 세 번의 기회가 있다고 하는 사람들의 말에는 기회는 한 번만 있는 것이 아니니 한 번 기회를 놓쳤다고 해서 너무 낙심하지 말라는 뜻과 함께 기나긴 인생에 기회는 세 번밖에 오지 않으니 기회가 올 때 놓치지 말고 잡아야 한다는 뜻이 담겨 있다. 기회는 운도 아니며 일생에 세 번만 오는 것도 아니고 자신이 스스로 찾고 만들 수 있는 것으로 생각하면 기회를 발견하고 창조하기 위해서 노력을 하게 된다.

  성공한 사람들의 대부분이 이런 생각을 가지고 기회를 찾아 위험을 무릅쓰고 모험을 하고 노력과 수고를 아끼지 않았다. 그리하여 그들은 마침내 기회를 발견하였던 것이다.

  오늘날 최고의 인기를 누리고 있는 영화배우 톰 크루즈는 초등학교 다닐 때 난독증으로 많은 어려움을 겪었다. 난독증은 책을 읽을 때 글자가 움직이는 현상으로, 책을 제대로 읽을 수 없었다. 그로 인해서 여러 학교에 전학을 다녀야만 했다. 중학교에 간신히 입학하여 다니던 어느 날 학교에서 연극 '소년과 소녀'의 주인공으로 발탁이 되었다. 그때부터 그는 열심히 연기에 몰두하여 오늘에 이르게 되었다. 중학교 때 한 그 연극이 자신에게 온 기회인 것을 깨닫고

혼신의 노력을 기울인 것이다. 그 후에도 그에게 많은 어려움이 뒤따랐다. 한 감독은 그의 인생에 대해서 '한번도 평탄한 삶을 살지 못한 사람'이라고 말하기까지 하였다. 그러나 그런 어려움 속에서도 영화를 촬영할 때마다 그것이 자신에게 주어진 최고의 기회인 것을 알고 배역에 충실하였다. 그리하여 마침내 오늘날 최고의 배우의 자리에 우뚝 서게 된 것이다.

그런데 기회는 대부분 평탄한 삶 속에서 발견되지 않고 절망과 고난 속에서 온다는 점에 가치가 있다. 기회를 운이라고 생각하는 사람들은 고난이 왔을 때 운이 없어서 그런 고난이 왔다고 생각하고 불평불만을 한다. 또한 기회가 일생 동안 세 번밖에 오지 않는다고 생각하는 사람들은 기회란 복권 당선 되듯이 좋은 일을 통해서 나타나는 것으로 생각하고 어려운 일이 닥쳤을 때 절망 속에서 기회를 찾으려고 하지 않는다.

그러나 기회는 스스로 찾아야 하며, 언제든지 온다고 생각하는 사람들은 고난 중에서도 기회를 찾으려고 노력한다. 이들은 그런 기회가 고난 중에도 찾아온다는 것을 깨닫고 고난을 회피하지 않고 이겨내기 위해서 노력하다가 기회가 왔을 때 그 기회를 활용하여 현실을 극복해 나간다.

희망을 가질 때 기회가 온다

랜스 암스트롱은 인간의 희망이 얼마나 위대한 힘이 있는가를 증명해 보인 사람이다. 그는 25세의 젊은 나이에 고환암에 걸렸다. 그 암은 치사율이 50%에 달하는 매우 치명적인 병이다. 그는 그런 치명적인 병에 걸렸음에도 불구하고 절망하지 않고 의지로 이겨내었다. 그리고 완치한 뒤에는 죽음의 레이스라고 부르는, 세계 최고의 사이클 경기대회 '뚜르 드 프랑스'에 참가하여 7연패의 위업을 달성하였다. 그는 건강한 사람도 감히 달성하기 어려운 7연패의 위업을 달성한 후 이렇게 말했다.

"단 1%의 희망만 있어도 포기하지 않고 달리겠습니다."

그는 99%의 절망에서도 1%의 희망을 성공의 기회로 보고 그 기회를 붙잡고 99%의 절망을 이겨낸 것이다.

어떤 상황에서 기회를 잡느냐 잡지 못하느냐는 무엇보다도 기회에 대한 자세에 달려 있다. 당신이 기회가 운이라고 생각한다면 기회가 영영 오지 않을 수 있다. 이때의 운은 복권 당첨과 같은 행운을 의미하기 때문이다. 또한 기회가 세 번밖에 오지 않는다고 믿을 때는 그 세 번의 기회가 언제일지 아는 지혜가 무엇보다도 필요하다. 그런데 그 지혜를 배우는 과정에 기다리는 세 번의 기회가 지나가 버릴 수도 있다. 반면에 당신이 기회는 때와 환경과 상관없이 찾아오며, 기회는 스스로 만드는 것이라는 적극적인 사고를 가지고 어떤 일이든지 최선을 다할 때 기회는 언제든지 어디서나 찾아온다. 그런 자세는 어떤 상황에서도 그 상황을 기회로 만들 수 있기 때문이다.

기회는 오늘, 지금에 존재하고 있다

영어의 'Chance'란 단어에는 '우연히 찾아오는 것'이라는 의미와 '때를 소중히 여긴다(기회).'는 의미가 포함되어 있다. 우연히 찾아온다는 것은 '운'을 의미한다. 반면에 '때를 소중히 여긴다.'는 의미는 때를 놓쳐서는 안 된다는 의미가 내포되어 있다. 기회라는 '때'를 놓치지 않기 위해서는 행동이 필요하다. 말이 아닌 행동을 통해서 기회를 잡을 수 있다는 뜻이다. 인생은 기회를 만들며, 기회는 성공을 부른다. 인생을 아무리 열심히 살았다고 하더라도 기회를 놓친 사람은 성공을 부르지 못한다. 성공은 오직 기회를 잡은 사람이 부를 때만 온다. 그러므로 인생에서 성공하기 위해서는 기회를 잡아야 하며, 기회를 잡기 위해서는 항상 준비된 상태로 기회를 기다리고 있어야 한다.

사람마다 기회가 찾아오는 모양은 각양각색이다.

싱거Singer는 오랫동안 질병으로 눕게 되자 그동안 궁핍한 생활을 해오던 가정이 더욱 엉망이 되어 버렸다. 온 가족의 생계를 그의 아내가 책임지게 되었다. 그의 부인은 가족의 생계를 삯바느질을 해서 꾸려가고 있었다.

그러던 어느 날 싱거는 방안에 누워서 삯바느질 하는 부인을 바라보고 있었다. 자신을 대신해서 가정을 이끌어가느라 삯바느질 하는 부인의 모습을 바라보면서 '어떻게 아내를 도와줄 길이 없을까'를 생각했다. 맡은 일을 하느라고 밤을 새우면서 삯바느질하는 부인을 도울 방법을 생각하다가 문득 바느질을 빨리 그리고 쉽게 할 수 있는 방법을 궁리하던 중에 재봉틀을 발명하게 되었다.

이로 인해서 싱거는 일약 세계적으로 유명한 인사가 되었음은 물론 부자가 되었다. 병석에 누워서 부인을 도울 수 있는 방법을 궁리한 것이 싱거에게 성공의 기회가 되었던 것이다. 가난과 질병 속에서도 절망하지 않고 보다 나은 내일을 생각할 때 기회가 찾아오는 것이다.

기회는 현존하는 오늘에 존재하는 것이다

기회는 현존하는 오늘에 존재하는 것이다. 그리고 기회

를 잡느냐에 따라서 미래가 결정된다. 따라서 오늘을 어떻게 사느냐에 따라서 미래가 결정된다. 우리는 미래를 만들기 위해서 현재를 변화시키고 있다. 그것은 결정된 미래가 없기 때문에 미래를 자신의 것으로 만들기 위해서이다. 현재를 바로 살지 못한 사람에게는 미래가 없다.

소설가 프랑수아즈 사강은 프랑스의 명문대학 소르본 대학을 졸업한 영재이며, 19세에 〈슬픔이여 안녕〉이라는 명작을 써서 일약 프랑스 최고의 작가 대열에 섰지만, 마약을 하고 두 번이나 이혼을 하면서 '나는 나 자신을 자학할 수 있다.'는 생각으로 자신을 자학하여 미래를 소멸시켜 버렸다.

또한 LA빈민가에서 태어난 마릴린 먼로는 헐리우드 최고의 배우 자리까지 올라갔으나 괴팍한 성격으로 인해서 "나의 인생은 파장하여 문 닫은 해수욕장과 같다."라는 유서를 남기고 스스로 생을 마감함으로써 미래의 문을 닫아버렸다. 이들은 모두 '오늘'이라는 중요한 날을 스스로 잘못 영위함으로써 스스로 미래를 포기하였다.

반면에 오늘을 충실하게 삶으로써 기회를 만들고, 그 기회를 잘 활용하여 성공한 사람들도 많다. 그 중에 대표적인 인물로 데일리 카네기를 들 수 있다.

데일리 카네기는 미주리주 가난한 시골 농장에서 태어나서 젊어서는 오마하에서 비누, 베이컨 등을 판매하는 세일즈맨이었다.

　　어느 날 그는 장사가 너무 안 되어 지친 몸을 이끌고 퇴근하던 길에 유리문을 통해서 한 폭의 그림을 보게 되었다. 그 그림은 바닷가에서 밀물이 오기를 기다리는 고기 잡는 조그마한 배였다. 그 배 밑에는 "때는 반드시 올 것이다." 라는 글귀가 적혀 있었다.

　　카네기는 그 그림을 보는 순간 큰 감동을 받았다. '그렇다. 기회는 반드시 올 것이다. 그 때를 기다리는 자에게 기회는 반드시 온다.'는 생각을 하고 그 때부터 힘을 내어 더욱 열심히 자신의 일에 충실하였다. 매일 매일의 생활을 끊임없는 도전의 기회로 삼아야 한다. 새로운 기회를 찾고 그 기회를 포착하는 훈련이 항상 이루어져야 한다. 타이거 우즈나 필 미켈슨 같은 프로 골프 선수들은 한 게임 한 게임 전력 질주한다. 자신의 기량을 높이기 위해 끊임없이 노력한다. 그들은 그런 노력이 있기에 위기가 오더라도 잘 극복하여 오늘에 이른 것이다. 매사에 전력질주하고 최선을 다할 때 평범한 일상에서 기회를 발견할 수 있다.

성공한 사람들은, '기회'라는 운은 '오늘'이라는 때를 소중히 여기고 충실하게 사는 사람에게 온다는 진리를 믿고 오늘에 충실하게 산 사람들이다. 그들은 심지어 죽음이라는 막다른 골목에 이르러서도 그 죽음 앞에 절망하지 않고 새로운 삶을 위한 기회로 보았다. 그런 사람들 중의 대표적인 인물이 바로 스티브 잡스이다.

에디슨 다음으로 세계를 변화시킨 스티브 잡스는 암 투병 중인 2005년 스탠퍼드 대학 졸업식 축사에서 이렇게 말했다.

"인생에서 최고의 발명품은 죽음입니다. 죽음은 삶을 변화시킵니다. 새로움은 낡은 것을 버리게 합니다. 그러므로 제한된 삶을 살면서 자신이 아닌 다른 사람의 생각으로 인생을 허비하지 마십시오."

스티브 잡스는 죽음을 낡은 것을 새로운 것으로 바꾸는 기회로 보고 그 죽음을 두려워하지 말고 살아 있는 동안에는 자신의 생각으로 자신의 삶을 살 것을 권고하였다. 죽음도 하나의 기회라는 것이다. 절망이 아닌, 자신의 생각을 갖고 진지하게 사는 기회라는 것이다. 당신의 기회는 멀리 존재하고 있는 것이 아니라 오늘, 지금 이 순간에 존재하는 것이라고.

기회를 구성하는 세 가지 핵심

1848년 캘리포니아주 셔터스 밀에서 금광이 발견되자 전국에서 금광을 찾아 8만 명이나 되는 사람들이 캘리포니아 서부 해안으로 몰려들었다. 이런 대이동의 물결 속에 뉴욕에서 옷감 장사를 하던 리바이 스트라우스가 있었다. 그는 원래 천막장사였다. 천막 공장을 차려놓고 천막을 만들기 시작하자 주위의 광산에서 금을 캐러 온 사람들이 천막 주문을 하기 시작하였다. 그러던 어느 날 어느 군납업자가 납품용으로 천막 1천 개를 주문하였다.

스트라우스는 밤낮을 가리지 않고 부지런히 천막을 만들었다. 그런데 천막을 주문한 그 군납업자는 소식도 없이 사라지고 말았다. 천막 1천 개는 고스란히 창고에 쌓이게 되었다. 이로 인해서 스트라우스는 벼랑 끝에 몰리게 되었다. 이제 직원들의 봉급조차 주지 못할 지경이었다.

그러나 스트라우스는 실망하지 않았다. 현실을 받아들이고 다시 일어설 궁리를 했다.

　그러다가 식당에서 식사를 하고 있는 광부들의 옷을 보게 되었다. 그들의 옷은 대부분 낡아 해져 있었다. 천막을 만든 재료로 '저 광부들의 옷을 만들면 오래 입을 수도 있고, 쉽게 해어지지도 않겠다.'는 생각이 떠올랐다. 그는 그 생각을 곧 실천으로 옮겨 옷을 만들자 대히트를 쳤다. 그리하여 청바지의 대명사인 '리바이스'가 만들어진 것이다. 스트라우스는 1천 개의 천막이 부도를 당한 것이 청바지를 만드는 기회가 되었던 것이다.

　기회는 무엇보다도 자신의 환경을 긍정적으로 받아들이게 하는 힘이다. 그 환경이 어떠하든 그것을 부정하지 않고 그대로 받아들이게 한다.

　기회는 다음의 세 가지로 구성되어 있다.

기회를 구성하는 세 가지 요소

　첫째, 기회는 자신의 꿈과 사명을 이루려고 하는 습관으로 이루어져 있다. 따라서 마음속에 커다란 꿈을 가지고 열정적인 삶을 살고자 하는 자세가 갖추어졌을 때 기회가 온다.

둘째, 기회는 자신을 표현하는 힘으로, 신이 준 선물이다. 기회는 시간 관리와 인맥 관리를 통해서 자신을 세상에 보여 준다.

셋째, 기회는 독식을 넘어서 배려와 참여, 다함께 성공을 꿈꾸고, 오만이 아닌 겸손한 사람에게 찾아온다.

혼자만이 잘 살겠다고 하는, 오만한 사람에게 기회는 찾아가지 않는다. 기회는 주위와 다 함께 성공을 누리려고 하는 자에게 찾아간다. 현재 고통의 무게를 느끼고 있을지라도 지금 당하는 고통보다 더 큰 꿈이 있다는 것을 믿는 사람에게 기회는 찾아간다. 인생에서 위험을 감수하지 않고 이룰 수 있는 것은 나이 드는 것밖에는 아무것도 없다. 위험을 감수하면서도 변화를 도모하고, 보다 더 좋은 내일을 위해 파격적인 창조를 하는 사람에게 기회는 찾아온다.

기회는 절박함에서 생긴다

사람들은 대부분 평탄한 인생을 보내기 원한다. 그러나 인생은 고통과 시련을 통해서 성숙해진다. 고통과 시련 속에 온 기회는 성장의 원동력이 된다. 기회가 왔음에도 그것을 활용하지 못하는 사람은 성공할 수 없다. 기본을 다지고 두려움을 온몸으로 이겨내는 용기와 희망을 가지고 있을 때 기회를 잡을 수 있다.

기회를 아는 사람은 남의 노력을 가로채어 자신의 것으로 만들지 않는다. 또한 열심히 일만 한다고 하여 기회가 오는 것은 아니다. 주위와 함께 더불어 살기 위해 노력하고 자신을 성장시킬 때 기회가 찾아온다.

우리 인생은 기회를 놓칠 만큼 시간이 많지 않다. 성공한 사람은 기회가 오지 않는 것을 탓하지 않는다. 기회의 본질을 아는 사람은 긍정과 희망을 품고 성공을 향해 나아간다. 그 과정에 기회가 그 모습을 드러내는 순간 놓치지 않고 붙잡고 행동으로 옮겨 성공을 향해 박차를 가한다.

세계 최고의 음악가로 칭송받는 헨델은 극심한 고통과 고난의 시기에 삶을 포기하고 싶은 마음이 들기도 했다. 가진 돈은 바닥이 났고, 채권자들은 집 앞에서 떠나지 않고 빌려간 빚을 갚지 않으면 감옥에 넣겠다고 협박까지 하여 공포에 시달렸으며, 게다가 그의 오른쪽 팔은 마비되었다.

이런 절망적인 상황에서 대부분의 사람들은 자살을 택한다. 그것이 손쉬운 방법이기 때문이다. 하지만 그는 포기하지 않고 더욱 열심히 작곡에 몰두하여 음악 역사상 최고의 명곡 중 하나인 '메시아'를 작곡하였다.

헨델은 그의 인생에서 가장 고통스러운 때에 그 기간을 기회로 삼아 불후의 명곡을 작곡했던 것이다. 기회는 반드시 우리 인생이 순탄할 때 오는 것만은 아니다. 오히려 극심한 고통과 절망의 순간에 찾아오는 지도 모른다.

기회는 풍요의 잔치 속에서 나타나지 않는다

우리의 삶은 평탄할 때보다 힘든 시기가 더 많다. 힘든 시기를 어떻게 생각하고 대하느냐에 따라 운명이 결정된

기회를 잡는 사람 놓치는 사람

다. 또한 어떤 시기에도 숨겨져 있거나 잠자고 있는 기회를 어떻게 선택하고 끄집어내느냐에 따라 우리의 운명은 달라진다. 기회는 절박함 속에서 태어난다. 추락하는 비행기 안에서 어떻게 하면 살 수 있을까를 고민하는 그런 절박함 속에서 기회는 나타난다.

기회는 풍족하고 넉넉함 속에서 나오는 잔치가 아니라 어렵고 막다른 골목에 이르렀을 때 그 난관을 헤쳐나가고자 하는 절박함에서 나타난다.

브라질에서 오페라 '아이다'를 공연할 때의 일이다. 공연 직전 지휘자와 단원 간에 말다툼이 벌어졌다. 화가 난 지휘자는 지휘를 포기하고 그만 공연장을 떠나가 버렸다. 당황한 악단은 부지휘자를 무대에 올렸으나 관중들의 야유로 물러났다. 할 수 없이 첼리스트를 지휘자로 무대에 올렸다. 관중들은 반신반의하면서 공연을 관람했다.

그 첼리스트는 자신이 맡은 지휘를 훌륭하게 완수했다. 훌륭한 지휘 솜씨에 관중들은 일제히 일어서서 기립박수를 보냈다. 바로 그 순간이 세계적인 지휘자 토스카니니가 탄생하는 순간이었다. 그 첼리스트는 사실 시력이 나빠 악보를 외워야만 했다. 그는 심한 근시로 연주석에 앉아서 악보를 눈으로 읽을 수 없어서 모든 악보를 외워야만 했다.

그가 악보를 모두 외우고 있다는 사실로 인해서 악단은 그를 지휘자로 임명했던 것이다. 연주자로 자격이 안 되는 근시안이 그에게는 세계적인 지휘자가 되는 기회가 된 것이다. 기회는 절박함 속에서 바람처럼 나타난다. 영국의 대문호 셰익스피어도 처음에는 가난하여 빵과 생활비를 벌어야 하는 절박함으로 글을 썼다. 그리하여 그 절박함이 위대한 작가를 만들었다.

세계적으로 유명한 프랑스의 화장품 샤넬 창시자 샤넬도 고아였으며, 생계를 꾸려가기 위해 술집에 다니면서 노래를 불렀다. 그런 그녀가 절박함 속에서 자신의 자질을 발견할 수 있는 기회를 얻어 성공하게 되었다. 절박함은 기회를 만들어주며, 그 기회를 잘 활용할 때 성공의 문이 활짝 열린다. 성공한 사람은 주어진 환경에 구애를 받지 않고 그 환경에서 기회를 발견하여 잘 활용한 사람이다. 자신의 주어진 악조건을 기회로 삼은 사람이다.

절박함 속에서 기회를 갈구하는 마음과 자세가 무엇보다도 중요하다. 기회는 누구에게나 공평하게 찾아온다. 그리고 춥고 고통스러운 환경 속에서 진정한 기회가 찾아온다.

절박함을 느끼려면

그러면 절박함을 느끼려면 어떻게 해야 하는가?

스스로에게 자문해 보라. "절박함이나 절실함을 느끼고 있는 그러면 절박함을 느끼려면 어떻게 해야 하는가?

스스로에게 자문해 보라. "절박함이나 절실함을 느끼고 있는가?"

만약 그렇지 않다는 대답이 나오면 이번 기회에 자신을 되돌아보는 기회를 갖기 바란다. 절박함이나 절실함을 느끼지 못한다면 아무리 위기가 닥쳐와도 변하기가 매우 힘들며, 위기를 기회로 만들기가 어렵다.

오늘날 절박함이나 절실함을 제대로 느끼고 사는 사람은 그렇게 많지 않다. 보통 사람들의 눈으로는 지금과 같은 세상이 오래오래 지속될 것이라고 생각하기 때문에 치열하게 무엇인가를 준비하려고 하지 않는다.

절박함이나 절실함을 느낀다는 것은 각성하듯이 크게 깨닫는 것이 아니라 그것은 지속적인 삶의 하나의 과정이며, 생활의 습관 중의 하나에 불과하다.

따라서 항상 절박함이나 절실함을 유지하도록 노력하는 것이 중요하다. 이것은 연속의 과정이다. 절박함이나 절실함을 느끼기 위해서는 적절한 정보를 많이 입수하고 다양하게 자극을 받으며, 그것을 문제로 재해석하려는 노력을 지속해야 한다. 절실함과 절박함을 평소에 느끼게 하기 위해서는 다음과 같은 몇 가지 질문을 스스로에게 해 보고 그 해답을 찾으려고 노력해 보라.

첫째, 나는 앞으로 어떻게 될 것인가?

둘째, 내가 종사하는 분야에 어떤 일이 일어날 것인가?

셋째, 그런 일들이 나의 직업에 어떤 영향을 미칠 것인가?

넷째, 전문가들은 지금의 상황을 어떻게 보고 있는가?

마지막으로, 전문가들은 앞으로 세계가 어떻게 변할 것으로 예상하고 있는가?

이런 질문을 스스로에게 자주 던져 그 해답을 찾으려고 끊임없이 노력할 때 절박함과 절실함을 느끼고 위기를 극복할 수 있다.

기회는 실패와 함께 온다

자동차 업계에서 포드 다음으로 유명한 아이어코카는 1978년 포드 자동차 회사에서 해고당했다. 천문학적 이익을 창출했지만 리더십이 부족하다는 이유에서 해고된 것이다. 승승장구하던 그에게 해고는 충격적인 일이었다.

인생의 실패를 맛본 것이다. 그러나 그는 실패에 절망하지 않았다. 아이어코카는 포드 자동차에서 퇴짜를 당한 신차 모델 디자인을 가지고 위기에 처한 크라이슬러를 구해냈다. 실패가 기회임을 그가 보여준 것이다.

1986년 인터뷰에서 아이어코카는 이렇게 말했다.

"실패의 두려움은 도전을 포기하게 만듭니다. 도전을 포기하면 원하는 것을 얻을 기회를 잃게 됩니다."

사업하는 사람으로 자신이 하는 일에서 성공하지 못하는 이유는 다음 몇 가지로 요약할 수 있다.

첫째, 오만함에서 벗어나지 못하여 자신의 생각만 옳다고 생각하는 것이다. 이로 인해서 다른 사람들의 올바른 조언에 귀를 기울이지 않는다.

둘째, 과도한 조심성으로 의사 결정을 신속히 내리지 못하는 점이다. 머뭇거리다가 기회를 놓치고 만다.

셋째, 의심하는 것이 습관화되어서 부정적인 측면만 보거나 긍정적인 면을 무시하는 것이다. 모든 사물이나 일을 일단 의심하고 본다. 그리하여 부정적인 생각이 머릿속에서 떠나지 않고 있다.

넷째, 완벽주의에 빠져 중요한 것을 잃어버린다. 너무나 완벽하게 하려다 시기를 놓치고 중요한 결단을 하지 못한다. 최고의 야구선수인 베이브 루스는 이렇게 말했다.

"삼진 아웃을 두려워하다가 홈런을 칠 기회를 놓치고 만다. 따라서 삼진 아웃을 두려워하는 마음으로 경기에 나서지 않도록 하라."

누구나 어떤 사태가 밀려오거나 중요한 사건을 만났을 때는 두려움이 밀려오기 십상이다.

그 두려움이 당신을 지배하게 되면 그 두려움에 지는 것이다. 당신을 두렵게 만든 것이 당신을 이겨버리게 된다.

따라서 두려움이 밀려올 때는 두려움에 결코 지지 않겠다는 마음가짐을 가지는 것이 중요하다.

두려움이 밀려 올 때 그것을 극복할 수 있는 방법을 모색해야 한다.

머뭇거릴 때 기회를 놓치게 된다

성공하지 못하는 또 하나의 중요한 원인은 실패에 대한 두려움으로 머뭇거리는 것이다. 히포크라테스는 머뭇거리는 것에 대해서 이렇게 경고했다.

"인생은 짧고 예술은 길다. 기회는 놓치기 쉽고, 경험은 의심스러우며, 판단은 어려운 것이다."

그러면 성공한 사람들은 어떻게 실패를 극복하고 그 실패를 성공의 기회로 삼았을까?

그들은 자신을 되돌아볼 줄 알았다. 실패의 원인을 다른 것에서 찾지 않고 자신에게서 찾은 것이다. 그리고 어떤 실패를 했더라도 희망을 버리지 않았다. 희망은 당신이 버리지 않을 때 결코 당신을 버리지 않는다.

"실패를 경험한 사람은 자신만의 역사를 갖게 된다. 그리고 그 역사를 통하여 인생의 참된 길로 들어서는 기회를 갖

는다. 강을 거슬러 헤엄쳐 본 사람만이 물살의 세기를 알
수 있다."

실패를 통해서, 실패를 기회로 삼을 때 진정한 성공이 찾
아온다는 것이다

기회는 고난으로 가장해서 온다

성공한 사람은 기회가 오지 않았다고 말하지 않는다. 기회는 누구에게나 온다. 성공한 사람들은 그 기회를 기회인 줄 알고 날아가기 전에 붙잡은 것이다.

기회는 고난을 통해서도 찾아온다. 고난과 함께 자신이 기회임을 숨기고 고난으로 가장하여 나타난다.

동화작가 안데르센은 매우 가난한 가정에서 태어나 초등학교도 제대로 다니지 못했다. 그리고 알코올 중독자인 아버지로부터 많은 학대를 받고 자랐다. 하지만 그는 그런 고난 속에서 희망을 잃지 않고 〈성냥팔이 소녀〉라는 명작을 썼다. 또한 못생겼다고 놀림을 당하였는데, 그 놀림이 그로 하여금 〈미운 오리새끼〉 명작을 쓰게 만들었다. 훗날 그는 이렇게 말했다.

"아버지의 학대와 당시의 고난은 축복의 길로 가는 통

로였습니다."

또한 세계적으로 성경 다음으로 많은 독자를 가지고 있는 〈실락원〉의 저자 존 밀턴은 52세에 실명하였다. 실명이라는 불행을 〈실락원〉이라는 불후의 명작을 집필하는 기회로 삼았던 것이다.

그는 실명한 자신을 불쌍하게 생각하는 주위 사람들에게 "소경이 된 것이 불쌍한 것이 아니라 소경을 극복하지 못하는 것이 불행이다."라고 말하여 주위 사람들을 감동시켰다.

고난은 불청객으로 누구에게나 찾아온다. 그러나 그 고난을 단순히 고난으로 여기느냐 아니면 성공의 기회로 삼느냐 하는 것은 그 고난을 대하는 사람의 자세에 달렸다.

고난을 성공의 기회로 삼다

트루에트 캐시는 사업에 소질이 있어 형제들과 함께 자금을 모아 큰 식당을 개업하였다. 그런데 개업한 지 얼마 안 되어 문제가 발생하기 시작했다. 그의 형이 탄 비행기가 추락하여 사망하였다. 또한 가게에 불이 나서 전 재산이 날아갔다. 보험에도 들지 않아 한 푼도 건지지 못하고 빈손으로 거리에 나앉게 되었다.

설상가상으로 결장 점막에 장막 돌기가 생겨 병원에 입원하는 신세가 되었다. 병원에 입원해 있는 동안 건강 회복을 위해서 닭고기를 자주 먹었다. 먹으면서 그는 생각했다. '치킨 가슴살을 조리해서 알맞게 튀겨서 적당한 양념을 해서 빵과 함께 먹으면 어떨까?'

　그렇게 생각하여 마침내 '칙필에이 샌드위치(햄버거와 비슷하나 소고기 대신 치킨 패티를 사용한다.)'가 탄생한 것이다. 이 샌드위치로 캐시가 설립한 '칙필에이'는 'KFC' 다음으로 세계에서 가장 많이 팔리는 치킨 푸드 업체가 되었다. 만약 그가 여러 가지 사고와 질병의 고난을 당하지 않았다면 오늘날의 샌드위치는 태어나지 않았을 것이다. 캐시는 고난을 기회로 삼아 대성한 사람 중의 한 사람이 된 것이다. 비참할 정도의 고난이 그에게 성공의 기회로 작용한 것이다

기회는 불행 속에서 성장한다

1925년 호주에서 태어난 데이빗 워랜은 아홉 살 때 불행하게도 비행기 추락으로 아버지를 잃었다. 소년 워랜은 큰 충격을 받았다. 그는 그 충격과 슬픔을 잊기 위해서 아버지가 남긴 라디오를 분해하고 조립하는 과정을 되풀이했다. 그는 라디오를 몇 번씩이나 뜯었다가 조립했다.

다 성장한 워랜은 1953년 호주 국방과학기술원에 취직하였다. 그곳에서 일하면서도 아버지의 비행기 추락 사고를 잊지 않고 일하던 그는 원인을 알 수 없는 비행기 추락 사고가 많다는 것을 알게 되었다. 그래서 워랜은 사고 4시간 전의 조종석 상황을 녹음할 수 있는 기계를 만들었다.

이 기계는 그가 라디오를 뜯고 다시 조립하는 과정에서 터득한 지식을 바탕으로 만들었다. 그런데 주위 사람들은 이 기계를 신통치 않게 생각했다.

"호주의 항공 산업이 발전해서 그런 기계 따위는 소용이 없네."

그의 상사가 한 말이었다. 그런 말을 들은 지 얼마 안 되어서 영국 항공 관계자가 국방연구소를 방문하게 되었다. 워랜은 '바로 이 때다.'라고 생각하여 영국 항공관계자가 식사를 하는 동안 그를 찾아가 그의 기계를 설명했다. 설명을 들은 영국 항공관계자는 그 기계를 알아보고 영국으로 가져갔다. 그리고 얼마 안 있어서 영국, 캐나다, 미국 등의 군용비행기들은 그 기계를 장착하게 되었다. 이것이 바로 오늘날 '블랙박스'의 시초인 것이다.

만약 아버지의 비행기 추락 사고가 없었더라면 그는 오늘날 블랙박스를 만들 기회도 없었을 것이다. 아버지의 죽음이라는 큰 불행이 워랜에게 큰 성공을 가져다주는 기회가 된 것이다.

기회는 불행 속에 숨어 있다

성공한 사람들은 불행이 다가왔을 때 두려워하거나 물러서지않았다. 기회가 왔다고 해서 안일하게 대처하지 않았다. 그들은 불행 속에 성공의 기회가 숨어 있다는 것을 알았다. 그리고 그 기회를 찾기 위해 꾸준히 노력하였다.

　당신이 시련이나 불행에 맞닥뜨렸을 때 긍정적인 사고로 대한다면 분명 성공의 기회가 될 수 있다. 중요한 것은 불행 속에 몇 배의 보상이 감추어져 있다는 사실이다. 그것은 마치 가시로 뒤 덮여 있는 밤송이를 깠을 때 드러나는 알밤과도 같다. 불행을 맞이하는 당신의 자세에 달려 있다. 불행을 피해 달아날 수도 있고, 당당하게 맞서 싸울 수도 있다. 불행을 피해 달아나면 당장은 어려움에서 벗어날 수 있을지 모르나 시련은 멀지 않아 다시 그리고 끊임없이 찾아올 것이다.

문제를 통해 기회가 온다

어느 날 노만 빈센트 필 목사는 뉴욕 거리를 지나가고 있었다. 그를 알아본 행인 한 사람이 그에게 다가와서 물었다.

"목사님, 저에게는 아주 큰 문제가 있습니다. 어떻게 하면 좋지요?"

"그래요? 그런데 이곳 부근에 사는 사람들이 아마 1만 5천 명 이상 될 겁니다. 그들에게 물어보십시오. 문제가 없는 사람이 한 사람이라도 있는가?"

필 목사가 그렇게 말을 해도 이 행인은 다시 청했다.

"목사님, 문제가 없이 살 수 있는 곳이 어디인지 가르쳐 주십시오. 그곳에 가서 살고 싶습니다."

"그래요. 그런 곳 한 곳은 제가 알고 있습니다."

그러자 행인은 반색을 하면서 물었다.

"그곳이 어디입니까? 그곳에 가서 살고 싶습니다."

그러자 필 목사는 그 행인을 바라보며 말했다.

"예, 그곳은 브롱스에 있는 '우드론' 공동묘지입니다."

필 목사는 문제를 만났을 때 고민하지 말고 기뻐하고 환호하라고 말한다. 문제를 어떻게 해결할까 전전긍긍하지 말고 즐거운 마음으로 대하라고 한다. 왜냐하면 문제는 도전의 기회를 제공하기 때문이다.

도전이 없는 사람은 인생에서 발전을 기대할 수 없다. 도전이 없는 인생은 권태로 가득차고 생존할 뿐이지, 살아 움직이는 것이 아니기 때문이다.

삶에 문제가 있다는 것은 살아 있다는 증거이며 발전하고 있다는 신호이다. 문제는 곧 성공을 향해서 도전할 수 있는 기회를 제공해준다.

문제를 기회로 만드는 방법

성공한 사람들이 문제를 기회로 만든 방법을 알아보자.

첫째, 문제를 예상하고 있다.

성공한 사람들은 아무런 어려움이나 상처없이 성공하지 않았다. 그들의 등 뒤에는 수많은 상처들이 있다. 그 상처는 문제와 싸우면서 생긴 상처이다. 그들은 자신들 앞에 닥친 문제와 고통을 현실로 받아들이고 그것들과 싸워 이긴 사람들이다. 성공한 사람들은 문제를 미리 예상하고 그것을 해결하는 방법을 생각하는 데에 익숙한 사람들이다.

둘째, 문제를 정확히 파악한다.

실패한 사람들의 공통점은 문제를 크게 보거나 문제를 회피하려고 한 것이다. 실패한 사람들은 바늘 만한 문제를 몽둥이 만하다고 침소봉대한다.

문제의 본질은 회피할수록 커지는 데에 있다. 또 문제를 막연히 두려워하면 문제가 당신을 속인다. 그러나 문제를 앞에 두고 당당하게 맞서면 작아진다.

문제를 하나씩 쪼개어 보라. 한꺼번에 문제를 다루지 말고 한 번에 하나씩 다루어라. 문제를 하나씩 종이에 적어보라. 문제가 무엇이며, 왜 이런 문제가 발생하였으며, 결과가 어떻게 나올지를 파악하라. 그러면 최선의 결과와 최악의 결과를 알게 된다. 그런 다음 결과에 따른 해결 방법을 구체적으로 적어본다. 문제를 제대로 파악하고 나면 그 문제가 그렇게 큰 문제가 아님을 깨닫게 된다.

셋째, 문제를 성공의 기회로 삼는다.

문제는 상상력을 일으킨다. 문제가 생기면 더 크게 생각하게 되고, 창조적으로 생각하게 된다. 문제는 행동을 유발시키고, 더 큰 정력을 쏟게 만들며, 노력을 갑절로 더 들이게 한다. 대부분의 위대한 성공은 문제를 통해서 만들어진 것이다.

도스토옙스키는 시베리아로 유배를 가서 많은 고통을 겪었다. 그 때의 경험을 소재로 삼아 불후의 명작 〈죄와 벌〉을 썼다. 조니 에릭슨은 16세에 다이빙을 하다가 목이 부러져 불구의 몸이 되었지만 절망하지 않고 그것을 기회로 삼아 성공함으로써 세계 수많은 사람들에게 용기와 희망을 불어넣었다. 마지막으로 문제를 통해서 인격을 다듬는 기회로 삼았다.

성공한 사람들은 문제를 통해서 자신의 인격을 한층 더 성숙시키는 기회로 삼았다. 문제가 그들에게는 품성과 인격이 발전되는 계기가 되었다.

진정한 성공은 인격이 그 중심에 있다. 아리스토텔레스는 "인격의 지원이 없는 성공은 진정한 성공이 아니며, 물거품에 지나지 않는다."라고 말하였다.

성공을 이루는 것은 능력이지만, 성공을 유지하는 것은 인격이다. 인격의 탁월함은 단순한 성공을 넘어 사람들로부터 존경을 받게 한다. 훌륭한 인격의 소유자는 성공을 영향력과 감동으로 승화시킨다.

문제를 긍정적으로 다루고, 인격을 연마시키는 기회로 삼아야 한다. 나폴레옹 힐은 "모든 문제는, 그 안에 그만큼의, 또는 그 이상의 더 큰 기회나 이익의 가능성을 품고 있다."고 말하였다.

기회는 화살처럼 재빨리 사라진다

공부하던 형제가 오리를 잡아먹으려고 총을 들고 호숫가에 나타났다. 그 때 마침 통통하게 살찐 오리가 물 위에서 헤엄치고 있었다. 형이 그 오리를 보고 동생에게 말했다.

"물에 떠 있는 저놈을 잡아서 삶아먹으면 맛있겠다."

그러자 동생이 말했다.

"물에 떠 있는 놈은 삶아먹어야 맛있고, 날아가는 놈은 구워먹어야 맛있어. 형."

"무슨 소리를 하는 거야? 떠 있는 놈이나 날아가는 놈이나 오리는 삶아먹어야 맛있는 거야."

"그렇지 않아요. 옛말이 있어요. 날아가는 오리는 구워먹어야 맛있다고."

그렇게 형제가 옥신각신하는 사이에 오리는 유유히 사라져 버렸다.

기회는 일단 모습을 드러내었을 때 붙잡지 않으면 재빨리 사라지는 것이 속성이다. 기회를 붙잡기 위해서는 지나친 욕구나 소유에 대한 지나친 집착, 그리고 두려움과 염려 따위는 벗어버려야 한다. 그리고 망설이지 말아야 한다. 우유부단은 기회를 붙잡으려는 사람에게는 가장 큰 적이다.

　"최악의 리더는 막연히 결정을 미루는 사람이다. 잘못된 결정보다 지연된 결정이 더 문제다."

　리더십의 메카라고 할 수 있는 미국의 웨스트포인트 육군사관학교에서 가르치는 교훈 중의 하나이다.

　위기가 다가왔을 때 우유부단에서 벗어나 스스로 용기를 갖고 위기를 탈출할 방법을 찾을 때 기회가 찾아온다.

즉시 행동으로 옮기지 않으면 기회는 사라진다

　많은 사람들이 종종 기회의 문을 닫아 버린다. 그들은 그것이 기회의 문인지 모르고 닫아 버린다.

　성형외과의 한 젊은 인턴이 유명한 성형외과 의사를 찾아와 자신도 그런 수술을 배우기를 희망했다.

　"박사님, 박사님께서 수술하시는 모습을 보고 싶습니다."

　"좋지요. 내일 아침 8시까지 병원으로 오시오."

그는 성형외과 수술로 돈을 많이 벌 수 있다고 생각하고 자신도 저 박사님처럼 유명한 수술을 잘 하여 돈을 많이 벌고 싶었다. 그런데 그 다음날 이 인턴은 오지 않았다. 그 다음날도 오지 않았다. 그리고 며칠이 지나 나타났다. 박사는 그 인턴에게 물었다.

　"자네는 왜 오지 않았는가?"

　"네, 가정에 무슨 일이 생겨서요. 내일부터 가서 배우겠습니다."

　그러자 박사는 단호한 목소리로 이렇게 말했다.

　"그런 자세로는 배울 수가 없네."

　그렇게 하여 그 인턴은 성형외과 수술의 기술을 배울 기회를 잃고 말았다.

　그 인턴은 성형외과 수술에 대해서 꿈은 가지고 있었으나 그 꿈을 현실화할 수 있는 행동을 하지 않았던 것이다. 기회를 소홀히 하다가 절호의 기회를 놓치고 만 것이다.

기회는 곧 당신 자신이다

기회란 무엇인가? 당신 자신이 곧 기회이다. 당신 자신이 운명의 문을 열어야 한다. 그러므로 당신이 곧 기회이다.

당신 자신이 기회가 되기 위해서는 먼저 당신 자신에 대한 자화상을 바꾸어야 한다.

어느 날 한 거지가 화실로 가는 길 부근에 앉아 있었다. 그 길을 지나가던 화가는 그 거지를 불러서 자신의 화실로 데려갔다. 거지는 실망과 실의에 사로잡힌 얼굴을 하고 있었다. 화가는 얼굴 모습에 변화를 주어 초상화를 그리기 시작했다. 실망에 사로잡힌 얼굴이 아니라, 강철 같은 의지와 굳은 결단력을 갖춘, 생기가 넘치는 얼굴을 그렸다. 초점이 없는 눈이 아닌, 생기가 있고 반짝반짝 빛나는 눈으로 그렸다.

그림이 완성되자 그 화가는 거지를 불러 그림을 보여 주었다.

거지는 그림 속에 있는 사람이 누구인지 알아보지 못했다.

"저 그림 속에 있는 사람이 누구입니까?"

화가는 아무 말 없이 미소만 짓고 있었다.

"저 그림의 임자가 바로 나입니까?"

"그렇습니다. 당신의 진짜 모습입니다."

거지는 큰 충격을 받았다.

'이런 신사가 과연 나라니······.'

"내가 과연 그림속의 남자와 같이 될 수 있을까요?"

"네, 그렇습니다. 나는 당신에게서 그림과 같은 모습을 발견했습니다."

그 말에 자신감과 용기를 얻은 거지는 웃는 얼굴로 일어서면서 허리를 펴고 말했다.

"만약 당신이 나의 모습에서 그림속의 모습을 발견했다면 나는 그런 사람이 될 것입니다."

그리고 인사를 하고 나가는 거지의 모습에서 화가는 더이상 실망과 실의에 빠진 모습을 볼 수 없었다.

자화상을 새로운 모습으로 바꾸면 기회가 온다

당신 자신이 기회가 되기 위해서는 먼저 당신의 자화상

을 새롭게 하는 것으로 시작해야 한다. 새로운 모습으로 바꾸어야 한다. 능력을 개발하고 이미지를 높여서 새로운 당신의 모습을 만들어야 한다. 부정적이고, 소극적이며, 비관적이었던 당신의 자화상을 긍정적이고 적극적이며, 낙관적인 모습으로 바꿀 때 많은 사람들이 찾아와서 기회를 제공한다.

사람을 통해서 주어지는 기회의 영역은 광범위하다. 흔히 재정적인 상황이나 직장에서의 성공만을 생각하고 기회를 한정시켜서 생각하는 경향이 있다. 기회가 오는 방향은 매우 다양하며, 찾아오는 길도 여러 갈래가 있다.

그러나 기회는 부정적인 생각을 가진 사람은 피해간다. 기회는 권위적이거나 편협적인 생각, 기만된 행동을 하는 사람에게는 오지 않는다. 기회는 혼자 힘으로 자신감을 발견하고 성공하려고 노력할 때 나타난다.

당신이 건설적이고, 적극적인 목표를 달성하기 위해 전력투구할 때 최상의 기회는 주어진다.

당신의 자존심을 높이고 스스로의 힘을 개발시킬 때, 그리고 행동으로 옮길 때 기회를 붙잡게 된다.

당신의 사고능력을 배양하고 활용할 때 무한히 뻗어나가

는 기회가 주어진다. 내적인 힘을 갖출 때 성공과 행복을 붙잡을 수 있는 기회가 주어진다.

많은 사람들이 기회에 대해서 불만을 표한다.

"친구들은 기회를 잡았는데, 나에게는 그런 기회가 왜 오지 않는가?"

"나에게는 이런 약점이 있으니까 기회가 오지 않는구나."

그런데 이런 생각은 모두 패배자의 변명에 지나지 않는다. 따라서 먼저 이런 부정적인 사고를 버려야 한다. 그렇지 않으면 기회의 문은 저절로 닫혀 버린다.

기회는 누구에게나 공평하게 온다. 다른 사람에게만 가는 것이 아니라 당신에게도 찾아간다. 따라서 당신이 그 기회를 받아들여 환영할 때 당신 옆에 머물게 된다. 부정적인 생각으로 기회가 날아가도록 내버려 두어서는 안 된다.

헬렌 켈러는 기회를 잡기 위해서 피나는 노력을 했다. 이것은 비단 헬렌 켈러만이 아니다. 성공한 사람들은 거의가 기회를 잡기 위해서 많은 노력을 기울였다.

기회는 다른 사람을 위해서 있는 것이 아니라 당신을 위해서 존재하는 것이다.

기회의 문은 어디에도 열려 있다

〈로빈슨 크루소〉의 주인공은 셀커크라는 실존 인물을 모델로 하고 있다. 그가 무인도로 조난당했을 때 가지고 있던 것은 이틀분의 식량과 성서뿐이었다. 이전에 그 섬으로 조난당했던 사람은 모두 죽었다. 그러나 그는 희망을 버리지 않고 숲 속으로 들어가 그곳에서 많은 과일과 채소, 그리고 염소를 발견하였다.

4년 후 사람들이 그를 발견했을 때, 그는 충분한 영양을 섭취한 상태였다. 술과 담배를 하지 않았기 때문에 몸이 아주 건강한 상태였다. 또 염소 가죽으로 벽을 두른 세컨드 하우스(두번째 집)를 소유하고 있었으며, 쥐를 쫓기 위한 애완용 고양이까지 키우고 있었다.

셀커크는 재난에 휘말렸어도 희망을 잃지 않았기 때문에 생존할 수 있었고, 다시 세상에서 새로운 삶을 살 수 있는 기회를 잡을 수 있었다. 희망을 잃지 않을 때 기회는 언제, 어디서나 존재하는 것이다.

새로운 기회를 찾을 때 주의할 점

당신은 기회로 가득 찬 세상에 살고 있다. 새로운 기회가 당신 앞에 열려 있으며, 그 기회를 지금 바로 찾을 수도 있다. 새로운 기회를 찾아 나아가라. 새로운 기회를 찾는 방법은 다음과 같다.

첫째, 적색 신호에 유의한다. 여기서 말하는 적색 신호란 정신적인 신호를 말한다. 적색 신호를 느꼈을 때는 기다려야 한다.

"나는 지금 위험한 곳으로 가는 것이 아닌가?"

"내가 지금 하는 일이 불가능한 것은 아닌가?" 당신의 마음속에서 이런 적신호를 느꼈을 때는 잠시 멈추어서 새로운 기회가 나타나기를 기다려야 한다.

둘째, 현재를 보라. 과거는 이미 지난 것이고, 미래는 아직 불확실하다. 현재는 당신의 것이다. 현재 속에 기회가 들어 있다.

이 기회를 놓쳐서는 안 된다. 지금이 기회이다.

내일에 대한 망상은 비현실적이고, 부정적으로 작용한다. 내일 누군가가 당신을 도울 것이라는 환상을 갖거나 기적이 일어날 것이라는 기대는 오늘의 기회를 살리는 데에 장애가 된다.

　셋째, 위기에 굴복하지 말라. 위기가 닥쳐와도 굴복하지 말라. 위기를 창조적인 기회로 만들 수 있다. 위기를 창조적으로 극복할 때 기회는 찾아온다.

　기회는 지금도 무한히 열려 있다. 그 중에 어떤 기회는 기회임을 마음속에 확고하게 인식할 때 행동을 통해 나타난다.

기회는 자기실현의 계기다

기회는 자기실현의 계기다. 기회는 생각을 낳고, 생각은 행동을 이끌며, 행동은 습관을 바꾸어 운명을 지배하게 만든다. 기회는 누구에게나 찾아오지만 그 기회를 잘 활용하여 성공에 이르는 사람은 드물다. 의심하고 걱정하거나 익숙함에 젖어 있는 사람은 눈앞에 놓여 있는 기회를 무시하거나 놓치고 만다. 그러나 성공한 사람들은 기회를 놓치지 않고 붙잡아 성공의 발판으로 삼는다. 그들이 기회를 붙잡는 비결은 다음 8가지로 요약할 수 있다.

기회를 붙잡는 8가지 비결

첫째, 마음가짐이 중요하다.

미국의 저명한 심리학자인 윌리엄 제임스는 이렇게 말했다.

"우리 시대의 가장 위대한 발견은 마음가짐을 바꿈으로

써 삶을 바꿀 수 있다는 사실을 발견한 것이다."

기회를 잡으려면 무엇보다도 마음가짐이 중요한 것이다. 따라서 자신이 원하고 이루려고 하는 것을 마음으로부터 생각하는 것이다. 꼭 이루고 싶다는 절실한 마음을 갖는 것이다. 그러면 그것을 이루는 기회가 온다.

둘째, 희망을 갖는 것이다.

무엇이 이루어질 것이라는 희망을 가지면 그것이 이루어질 수 있는 기회가 찾아온다. 그 희망은 삶에 자극을 주어 희망하는 것이 이루어지도록 만든다. 따라서 희망을 가질 때 그것에 대한 기회가 찾아온다.

셋째, 기회는 행동할 때 그 힘이 발휘된다.

희망을 품었다고 하더라도 그 희망을 실현하기 위해서 행동을 하지 않으면 기회가 오지 않는다. 행동하지 않으면 의심이 생기고 결국 실패를 가져온다. 행동으로 옮길 때 기회는 그 힘을 발휘하여 목적한 것을 이루게 된다.

넷째, 기회를 포착하기 위해서는 용기가 필요하다.

우리는 몸이 아프면 직접 병원에 달려가거나 약사에게 약을 처방받는다. 마찬가지로 성공한 사람들은 기회를 포착하기 위해서 용기를 가지고 직접 기회를 찾아 나선다. 기회가 오지 않는다고 불평하는 것은 기회를 붙잡을 용기가 없는 것이다. 기회가 오기만을 기다리지 말고 용기를 내어 자신의 내부에 잠자고 있는 능력을 발휘하도록 해야 한다.

다섯째, 문제를 두려워하지 않는다.

문제가 있는 곳에는 그 문제를 해결함으로써 성공할 수 있는 기회가 존재하고 있다. 자신의 능력을 발휘하여 그 문제를 해결할 때 뜻밖의 좋은 기회가 나타난다.

문제 앞에 두려워하지 말라. 문제 속에 성공의 좋은 기회가 존재한다.

여섯째, 자세에 기회가 존재한다.

성공하는 사람과 실패하는 사람의 큰 차이는 자세가 다르다는 것이다. 실패하는 사람은 항상 애매모호한 태도를 취하여 다른 사람에게 강한 인상을 주지 못한다. 따라서 기회를 얻을 수 없다.

반면에 자신 있게 당당하게 나아가는 사람에게 사람들은 호감을 느껴 기회를 주게 된다.

일곱째, 뚜렷한 목표가 없으면 기회가 오지 않는다.

확고부동한 목표를 세워라. 뚜렷한 목표를 가질 때 그 목표를 달성할 기회가 온다.

여덟째, 환경을 지배하는 사람이 되라.

"사람이 환경의 산물이 아니라 환경이 사람의 산물이다."

벤자민 디즈레일리의 말이다. 주어진 환경에 지배받지 않고 스스로 주변 환경의 지배자가 될 때 기회가 찾아온다.

Part 2

기회를 부르는 말

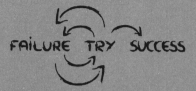

"왜?" 라는 질문은 기회를 가져다 주는 직접적인 말이다.

본문중에서-

"왜?"라는 질문이
기회를 불러온다

　사람들은 수천 년 동안 사과나무 밑에 앉아서 얘기를 하면서 어떤 사람들은 길게, 어떤 사람들은 짧게 얘기를 나누었다. 바람이 부는 날에는 사과가 머리 위로 떨어졌다. 또는 사람들이 보는 앞으로 떨어지기도 했다. 그런데 어느 누구도 관심을 기울이지 않았다.

　어느 날 사과 한 개가 어떤 사람의 눈앞에 떨어졌다. 이 사람은 우연히 그런 광경을 보고 생각했다. 그리고 질문을 했다.

　"왜 사과가 밑으로 떨어지지?"

　이렇게 의문을 품고 자기 자신에게 질문을 한 사람은, 바로 만유인력의 법칙을 발견한 '아이작 뉴턴'이다. 그는 사과가 땅으로 떨어지는 것을 보고 "왜?"라는 의문을 품으면서 만유인력이라는 위대한 법칙을 발견하는 기회를 잡은 것이다.

캘리포니아에 있는 '엘 코르테즈' 호텔에 문제가 생겼다. 고객들이 새롭게 만든 스카이라운지에 쉽고 편안하게 도착하기 위해서는 엘리베이터를 설치해야 하는데, 건물이 낡고 입구가 협소해서 도저히 설치할 수가 없었다. 건축전문가들이 모두 불가능하다고 말하였다. 그 이야기를 들은 호텔의 종업원 중의 한 사람이 건설업자에게 찾아와서 이렇게 질문했다.

"왜 엘리베이터를 건물 밖에 세울 생각은 하지 않습니까?"

가장 적극적인 의미가 들어 있는 말

"왜?"라는 질문은 가장 적극적인 말로 문제를 인정하지 않고 문제를 해결하겠다는 의지가 담겨 있는 말이다. 패배를 순순히 인정할 수 없다는 말이다. "왜?"라는 질문을 할 때 문제를 두려워하지 않고 도전하겠다는 뜻을 표현하게 된다. 그렇게 말할 때 도전의 기회가 찾아오는 것이며, 성공의 기회가 열리는 것이다.

성공한 사람들은 불가능해 보이는 문제를 만났을 때에도 "왜? 불가능하다고 생각하지?"라고 질문한다. 그리고 그 질문을 할 때 어느 누구도 미처 이런 질문을 하지 않았다.

이렇게 해서 오늘날 유리로 된 엘리베이터가 호텔 밖을 오르내리면서 항구의 아름다운 풍경을 볼 수 있게 해주고 있다. 종업원의 "왜?"라는 한마디의 질문이 지금도 세계 곳곳에서 운행되고 있는 옥외 엘리베이터를 만드는 기회가 된 것이다.

가장 적극적인 의미가 들어 있는 말

"왜?"라는 질문은 가장 적극적인 말로 문제를 인정하지 않고 문제를 해결하겠다는 의지가 담겨 있는 말이다. 패배를 순순히 인정할 수 없다는 말이다. "왜?"라는 질문을 할 때 문제를 두려워하지 않고 도전하겠다는 뜻을 표현하게 된다. 그렇게 말할 때 도전의 기회가 찾아오는 것이며, 성공의 기회가 열리는 것이다.

성공한 사람들은 불가능해 보이는 문제를 만났을 때에도 "왜? 불가능하다고 생각하지?"라고 질문한다.

그리고 그 질문을 할 때마다 불가능해 보이던 것이 해결되는 기회가 왔고, 새로운 가능성이 열렸으며, 인류가 한 걸음 더 발전하게 되었다. 성공한 사람들은 "왜?"라는 질문을 활용함으로써 문제를 해결하고 성공에 도달하기 위한 기회를 만들었다. "왜?"라는 질문은 기회를 가져다주는 적극적인 말이다.

기회를 **잡**는 사람 **놓치**는 사람

적극적인 말이 기회를 불러온다

발명왕 에디슨과 동업을 하여 위대한 발명품을 세계에 알린 에드윈 C. 반즈의 이야기다. 그는 아무리 보아도 에디슨과 동업을 할 수 없는 처지에 있었다.

그러나 반즈는 에디슨이 발명품을 만들어 성공했다는 소식을 듣고 그와 동업을 하고 싶었다. 에디슨과 반드시 동업을 하겠다는 간절한 소망을 품었다. 하지만 그는 아직 한 번도 에디슨을 만나본 일이 없었으며, 에디슨의 연구소가 있는 뉴저지주의 웨스트 오렌지로 가는 기차표를 살 돈마저 없었다. 그러나 반즈는 실망하지 않고 어렵게 차비를 만들어 에디슨을 찾아갔다. 그리고는 에디슨을 향해 적극적인 자세로 말했다.

"에디슨 씨, 나는 당신과 동업을 하고 싶습니다."

반즈는 그냥 말한 것이 아니라 동업을 할 수 있으며, 반드시 동업을 하고야 말겠다고 적극적으로 말했다.

당시 반즈의 행색은 에디슨의 연구소에 어울리지 않았다. 그럼에도 불구하고 에디슨을 향해 적극적으로 말했다. 하지만 바로 기회가 찾아오지는 않았다. 그가 바로 에디슨과 동업을 할 수 있게 된 것은 아니었다. 다른 사람들과 마찬가지로 에디슨 연구소의 직원의 한 사람으로 출발했다.

그러던 어느날 드디어 그에게 기다리던 기회가 찾아왔다. 에디슨이 신제품 축음기를 발명했는데, 연구소의 직원들은 신통치 않게 받아들였다. 그리고 아무도 관심을 기울이지 않았다. 그러나 반즈는 이것이 기회라고 생각하고 그것을 팔겠다고 에디슨에게 말했다.

반즈는 에디슨 연구소의 다른 직원들이 관심을 가지지 않는, 에디슨 축음기를 자신의 기회로 삼았다. 반즈는 이 축음기를 미국 전역에 팔았고, 최고의 베스트셀러가 되어 당시 엄청난 금액인 3백만 달러를 벌었다. 그리하여 에디슨과 함께 세계 최고의 기업 GE를 설립하였으며, 에디슨과 함께 공동 경영자가 될 수 있었다. 반즈는 자신의 성공에 대해서 이렇게 말했다.

"마음속에 싹튼 소망이 말로 명확하게 표현되면, 그것은 반드시 구체적인 현실이 되어 당신 손에 들어오게 된다."

자신만이 기회라고 생각하는 것이 진정한 기회이다

기회는 항상 이런 식으로 찾아온다. 남들이 다 기회라고 생각하는 것은 진정한 기회가 아니다. 당신만이 기회라고 생각하는 것, 그것이 진정한 기회이다.

반즈가 처한 환경은 불평과 불만을 할 만한 조건이다. 이런 상황에서의 불평이나 불만은 걸으면서 팔을 휘두르는 것과 같은 자연적인 반응이다. 그러나 반즈는 말 한마디가 가져올 결과를 무시하지 않았다. 말은 말로 끝나지 않는다는 것을 알았다. 말에는 힘이 있다는 것을 알았다. 마음속에 싹튼 소망이 말에 의해서 죽기도 하고 강화되기도 한다는 것을 알았다. 특히 적극적인 말은 기회를 만들어 준다는 진리를 터득한 것이다.

마음속에 들어 있는 소망은 사막 한가운데 있는 씨앗과 같다. 따라서 적극적인 말로 계속해서 물을 주지 않으면 말라죽어 버리고 만다. 성공의 기회는 우연히 찾아오는 것이 아니라 적극적인 말로 자신의 소망을 표현할 때 온다.

"마음만 먹으면 무엇이든지
할 수 있다."는 말

'신의 손'이라 불리는 존스홉킨스 대학병원의 벤 카슨 의사는 디트로이트 빈민가에서 태어났다. 8세 때 부모님의 이혼으로 불우한 가정에서 자라났으며, 소년기에는 흑인이라는 이유로 아이들로부터 놀림과 멸시를 받으며, 흑인 불량배들과 어울려 싸움질이나 하며 시간을 보냈다.

초등학교 5학년 때까지 구구단을 제대로 외우지 못했고, 수학시험은 한 문제도 풀지 못해 선생님으로부터 야단을 맞는 것은 물론 아이들로부터 조롱을 당하기도 했다.

어느 모로 보나 가능성은 없었다. 그런데 그에게는 훌륭한 어머니가 있었다. 그의 어머니는 아이들에게 놀림을 당하고 미래라고는 전혀 보이지 않는 아들에게 희망과 용기를 불어넣어 주었다. 아이들에게 놀림을 당하고 의기소침하여 돌아온 아들에게 어머니는, "벤, 너는 마음만 먹으면 무엇이든지 할 수 있어."라고 격려해주었다.

　벤 카슨은 중학교에 입학하면서부터 어머니의 격려에 힘입어 공부에 집중하기 시작했다. 그리고 어머니의 말이 입증되었다. 그가 공부를 하면서 잘하겠다고 마음을 먹자, 마음먹은 대로 우등생이 되었고, 사우스웨스턴 고등학교를 전교 3등으로 졸업하고 미시간 의과대학에 입학하였다.

말은 보이지 않지만 무한한 창조력이 있다

　의과대학을 졸업한 후 의사가 된 후에 벤 카슨은 항상 '너는 마음만 먹으면 무엇이든지 할 수 있다.'는 어머니의 말을 명심하고 연구하였으며 환자를 치료하였다. 그리하여 모든 의사들이 불가능하다고 포기한, 하루에 120번이나 발작하는 4세의 어린이 뇌종양환자를 수술하여 완치시켰다.

　또한 1987년 세계 처음으로 머리와 몸이 붙은 샴쌍둥이를 분리시키는 데에 성공하였다.

　이 수술로 인해 그는 '신의 손'이라고 불리게 되었다.

　흑인소년이자 깡패와 어울려 싸움질이나 하는 불량청소년인 벤이 단순히 어머니의 말씀, "너는 마음만 먹으면 무엇이든지 할 수 있어."라는 격려의 말에 힘입어 위대한 의사가 된 것이다.

　성공한 사람 뒤에는 반드시 성공으로 이끄는 말이 있다. 말은 보이지 않지만 무한한 창조력이 있다. 가능성의 말은 인생을 성공으로 이끄는 최대의 에너지다.

"감사합니다."라는
말 한마디가 기회를 부른다

걸프 전쟁의 영웅이자 흑인 최초로 국무장관을 역임한 콜린 파웰은 뉴욕의 어느 빈민가에서 태어났다. 그는 17세 때 처음으로 음료수 공장에서 아르바이트로 일을 시작했다. 그가 흑인이라고 주인은 차별대우를 했다. 같은 아르바이트를 하는 백인에게는 음료수나 물건을 파는 일을 시켰으나 흑인인 파웰에게는 걸레질을 시켰다. 그러나 그는 그 일로 불평을 하거나 불만을 나타내지 않았다. 훗날 그 때의 일을 회상하면서 그는 이렇게 말했다.

"그 때 나는 최고의 청소부가 되겠다고 마음먹었다. 그래서 이리 뛰고 저리 뛰고 열심히 일을 했다. 누군가가 콜라 상자를 바닥에 쏟아 바닥 전체가 콜라 거품으로 뒤덮여 혼자서는 도저히 감당할 수 없을 때에도 열심히 걸레질을 해서 깨끗이 치웠다."

"자네 일을 잘하는군."

그러자 파웰은 감독관에게 이렇게 말했다.

"저에게 일하는 법을 가르쳐 주셔서 감사합니다."

다음 해에 다시 그곳에 아르바이트로 간 파웰은 가게 앞에서 음료수 상자나 물품을 나르는 일을 했고, 그 다음 해에 아르바이트를 갔을 때는 부감독원이 되어 일을 했다.

어느 해에 파웰은 인부들과 함께 도랑을 파는 일을 했다. 그때 한 인부가 삽을 땅에 꽂고 서서 회사가 자신에게 충분한 임금을 안 준다고 불평하는 소리를 들었다. 그런데 그 옆에 한 사람은 묵묵히 일을 하고 있었다.

그 다음 해에 또다시 도랑 파는 일을 하러 갔다. 한 사람은 여전히 삽을 땅에 꽂고 서서 불평을 하고 있었고, 묵묵히 일하던 사람은 지게차를 몰고 있었다.

그리고 여러 해가 지난 다음에 다시 그 곳에 일하러 갔을 때 불평만 하던 사람은 이름 모를 병에 걸려 회사에서 쫓겨났고, 말없이 일하던 사람은 회사 사장이 되어 있었다.

파웰은 이 일을 통해서 커다란 교훈을 얻었다. 어떤 어려운 일도 불평을 하지 않고 정도를 걷기로 했다. 그리고 어떠한 환경에도 감사하기로 마음먹었다.

불평이나 불만은 쓰레기와 같다. 쓰레기에는 파리 떼들이 모여들듯이 불평이나 불만에는 실패라는 파리들이 날아온다. 감사는 꽃과 같다. 꽃이 있는 곳에 나비도 날아들고 벌들도 찾아온다. 감사할 때 성공의 기회가 찾아온다.

감사하는 사람의 특징

미국 토크쇼의 여왕 오프라 윈프리는 입버릇처럼 자주 말한다. "우리 주위에는 감사해야 할 일이 너무 많으며 그것들을 매일 기록해야 한다."고 말이다. 남아 있는 삶을 감사하는 마음으로 살아야 기적과 같은 일이 일어날 것이다.

우리 주위에는 매사에 공연히 짜증을 내며 불평불만을 늘어 놓는 사람이 있다. 한 심리학자는 그런 사람들은 결코 성공할 수 없다고 가혹한 결론을 내렸다. 그 이유는 삶 속에서 감사를 모르기 때문이라는 것이다.

그 심리학자가 주장하는 '감사하는 사람의 특징'을 좀더 자세히 설명하자면 다음과 같다.

첫째, 감사할 줄 아는 사람은 사고가 긍정적이며 다른 사람이나 세상을 소중히 여긴다.

둘째, 작은 호의도 당연시하지 않고 반드시 되갚으려 하는 마음을 가지고 있다.

셋째, 감사할 줄 아는 사람은 성품이 좋고 대부분의 사람들은 그런 사람을 좋아하기 때문이다.

인간은 누구나 감사할 것을 가지고 있다. 그런데도 많은 사람들이 그 감사의 대상을 모르거나 알아도 감사하지 못하고 살아가고 있다.

'감사하다'는 말은 인정하고 동화된다는 뜻이다. 감사하게 되면 양방향의 움직임이 발생한다. 한 방향은 인정이며 가끔은 겉으로 표현하기도 하지만 대부분 내면적으로 대상에 가까이 가는 것이다. 어떤 사람을 인정한다는 것은 그 사람을 다시 알아가는 것이며 서로 간의 관계가 새로워진다는 것이다. 다른 한 방향은 자신으로부터 비롯된다. 감사가 자발적이고 진실할 때 그 감사는 내면에서 저절로 우러나온다. 이 순간에 감사의 대상은 자신의 일부가 된다.

"나는 할 수 있다."는 말

로마나 배널로스 여사는 항상 하는 말이 있다. "나는 할 수 있다." 그녀는 이 말을 입버릇처럼 한다. 그런 그녀가 그런 말을 할 수 있을 정도로 행복한 생활을 한 것은 아니었다. 불행한 삶 속에서도 "나는 할 수 있다."는 말로 스스로에게 용기를 불어넣어 오늘에 그녀를 존재하게 했다.

배널로스 여사는 멕시코에서 결혼하였으나 2년 만에 이혼당했다. 그 후 두 아이의 엄마인 그녀는 엘파소 세탁소에서 하루 1달러를 받고 일을 했다. 그러던 중 멕시코보다 미국에서 생활하는 것이 더 나을 것 같아서 두 아이를 데리고 로스앤젤레스로 가는 버스에 올라탔다. 당시 그녀의 수중에는 단 7달러뿐이었다.

그녀는 캘리포니아에서 새로운 삶을 시작했다. 식당에서 접시를 닦는 허드렛일에서부터 자신이 할 수 있는 일은 무엇이든지 닥치는 대로 했다. 그리고 성공의 기회가 오면 붙잡기 위해서 항상 준비를 소홀히 하지 않았다.

최대한 저축을 했다. 마침내 4백 달러가 모이자 한 흑인 할머니와 함께 조그마한 빵 공장을 세웠다.

얼마 안 되어 흑인 할머니가 함께 하던 사업을 포기하자, 그녀는 할머니의 지분을 몽땅 인수하였다. 그리고는 사업에 전력 투자하여 마침내 빵 제조공장이 번창하자 도매식품 회사를 세웠다. 이제 그녀의 회사는 300명이 넘는 종업원을 가진 대형 회사가 되었으며 1년 총 수입이 1,000만 달러가 넘는 회사로 성장했다.

배널로스 여사는 '멕시코 아메리칸' 회사의 성장에만 만족하지 않고 은행을 세우기로 마음먹었다. 은행이 필요한 것을 절실히 깨달은 그녀는 전문가에게 은행 설립에 대해서 문의했다. 모두들 똑같이 불가능하다고 답하였다.

"멕시코 출신의 미국인은 은행 설립이 불가능합니다."

"당신은 은행을 설립할 자격이 없습니다."

그녀에게 돌아오는 말은 부정적이었다. 그러나 그녀는 뜻을 굽히지 않고 스스로에게 말했다.

"나는 할 수 있다."

은행 설립을 담당하는 주 정부 관료로부터 "은행을 설립할 수 없습니다."라는 말을 들었을 때도 그녀는 스스로에게 말했다. "나는 할 수 있다."라고.

그리하여 그녀는 은행 설립을 위하여 그 지역의 유능한 변호사를 세 사람이나 선임하고, 모든 법적 조건을 완비한 후 마침내 은행설립 허가를 얻어내고야 말았다.

그렇게 그녀가 설립한 은행은 승승장구하였으며, 그녀는 그 후에 미국 제34대 재무성 출납국장이 되었다.

스스로에게 '할 수 있다.'고 말하라

사이러스 W. 필드가 세계 최초로 대서양에 케이블을 설치하는 공사를 계획할 때 많은 사람들은 황당무계한 계획이라고 조롱했다. 그는 그런 비판과 조롱을 받을 때마다 스스로에게 말했다.

"나는 할 수 있다." 성공한 사람들은 대부분 주위에서 '할 수 없다.'고 말할 때 스스로에게 "나는 할 수 있다."고 말하여 용기와 자신감을 가지고 할 수 없다고 하는 것을 해내고 말았다. "나는 할 수 있다."고 말할 때 할 수 있는 기회가 찾아온다.

Part 3

기회를 붙잡는 12가지 비결

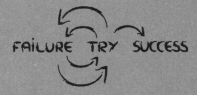

FAILURE TRY SUCCESS

모든 사람이 단념할 때 조금 더 견디는 것이 성공의 비결이다.

-본문 중에서-

진심으로 원하는 것이
무엇인지 안다

　제임스 포핀은 미국 의학계, 특히 신경학계에서 널리 알려진, 미국에서 손꼽히는 의사다.

　대통령인 로버트 케네디가 저격으로 머리에 관통상을 입고 로스앤젤레스 병원에 입원했을 때 제일 먼저 그의 가족들이 부른 의사가 바로 제임스 포핀이었다. 제임스 포핀은 멀리 보스턴에서 비행기를 타고 로스앤젤레스로 달려와서 총상을 입은 케네디를 치료하였다. 제임스 포핀은 그 정도로 미국 국민으로부터 존경과 신뢰를 받고 있는 의사였다. 그토록 유명한 의사가 된 제임스 포핀은 고등학교 때까지 성적이 좋지 못한 평범한 고등학생이었다.

　선생님은 그의 재능을 보통이나 보통 이하라고 판단했다. 주위의 판단도 그와 별다르지 않았다. 한 마디로 그의 재능은 평범한 수준에 지나지 않았다. 그런데 그는 의학 부분에 상당히 많은 관심을 가지고 있었다.

어느 겨울 밤 그의 아버지는 주방에서 이상한 소리가 나는 것을 듣고 잠을 깼다. 주방으로 가서 불을 켜자 제임스 포핀이 그곳에서 무엇을 하고 있었다.

"거기서 무엇을 하고 있니?"

아버지의 물음에 깜짝 놀란 포핀은 다급한 목소리로 말했다.

"네, 아버지. 불을 끄세요. 저는 앞으로 뇌신경과 의사가 되고 싶은데요. 지금 어둠 속에서 마디를 연결시키는 법을 연구하고 있어요."

포핀은 주위로부터 극히 평범한 고등학생으로 평가받고 있던 학생에 불과했지만 고등학교 때부터 자신이 진정으로 무엇을 원하고 있으며, 무엇이 되고 싶은지를 알고 있기에 그것에 집중할 수 있었다. 자신이 원하는 것이 무엇인지 알아야 그것을 이룰 기회가 찾아오는 것이다.

진정으로 원하는 것에 기회가 있다

당신이 목표를 정할 때 스스로에게 물어봐야 할 가장 중요한 질문은 '내가 삶에서 진정으로 원하는 것이 무엇인가?'이다. 부나 명예 따위를 목표로 정하면 이룰 수 없다. 당신의 재능이 무엇인지 포착한 후 그것이 당신이 진정으로 하고 싶은 일인지 물어야 한다. 또한 그것들을 얻기 위해서 오랫동안 포기하지 않을 만큼의 정열이 있는지도 파악해야 한다. 이런 것들에 대한 질문에 그렇다고 대답할 수 있는 목표를 정했을 때 당신은 그 목표를 이룰 수 있는 기회를 갖게 된다.

목표를 전염시킨다

프랭크 갠솔러스 박사는 대학에 다닐 때 미국의 교육 제도에 문제점이 많다는 것을 깨달았다. 그래서 자신이 대학 총장이 된다면 반드시 이런 문제점을 고치겠다고 다짐했다. 대학을 졸업하고 박사가 된 후에도 그런 희망을 항상 마음에 품고 있었다. 하지만 새로운 대학을 설립하는 데에는 100만 달러라는 막대한 자금이 소요되었다. 그로서는 엄두도 못 낼 돈이었다.

그러나 그는 꿈을 포기하지 않았다. 어디를 가나 무엇을 하나 이 꿈을 포기하지 않았으며, 그 꿈을 어떻게 하면 이룰까 고민하였다. 고민만 하던 갠솔러스 박사는 어느 날 문득 자기 방에 앉아서 어떻게 하면 100만 달러를 만들 수 있을까를 조용히 생각했다.

그리고는 1년 내에 만들겠다고 구체적인 기간을 정했다.

기회를 잡는 사람 놓치는 사람

그때부터 그는 매일 아침 신문사에 전화를 걸어서 설교를 하고 싶다고 신청하였다. 설교 제목은 '지금 나에게 100만 달러가 있다면 무엇을 할 것인가?'라는 내용이었다.

그가 이미 몇 년 전부터 생각한 것이기에 쉽게 설교 준비를 할 수 있었다. 그는 자신이 준비한 설교 원고를 읽은 다음 매일 잠자리에 들었다.

아침에 일어나서도 그 설교문을 읽고 "오늘 100만 달러를 얻게 해주십시오." 하고 기도한 후 하루 일과를 시작했다.

그러던 중 마침내 그에게 설교의 기회가 왔다. 설교 장소에 가서 자신의 차례가 오기를 기다렸다. 마침내 차례가 되자 모든 열정을 쏟아 부어 자기가 설계한 목표에 대해서 설교했다. 자신이 원하는 100만 달러가 손에 쥐어지면 어떤 일을 할 것이며, 그 일을 왜 해야 하는지에 대해서 상세하게 그리고 절실하게 설명했다. 꿈꾸어온 이상적인 교육을 실천할 수 있는 대학을 세운다는 자신의 목표를 설교한 것이다.

갠솔러스 박사가 설교를 마치고 연단에서 내려오자 뒷좌석에서 설교를 듣던 한 사람이 손을 들고 말했다.

"박사님, 오늘 박사님의 설교에 많은 감동을 느꼈습니다.

만일 당신에게 100만 달러가 있다면 당신은 계획한 것을 충분히 실천하리라 믿습니다. 내일 아침 우리 사무실로 오십시오. 100만 달러를 드리겠습니다. 저는 필립 D. 아머라고 합니다."

다음 날 아침 갠솔러스 박사는 아머의 사무실에서 100만 달러를 기증받았다. 이렇게 해서 유명한 일리노이 공과대학의 전신인 아머 실업대학이 설립되었다.

어떻게 이런 일이 일어날 수 있었을까?

그것은 갠솔러스 박사가 확고한 목표를 세웠을 뿐만 아니라 그 목표를 다른 사람들에게 전파했기 때문이다.

목표를 본 사람이나 들은 사람이 기회를 준다

만약 당신이 분명한 목표를 가지고 있다면, 그것을 혼자만 간직하고 있지 말고 전염시켜라. 갠솔러스 박사는 몇 년 동안 밤낮으로 대학 설립이라는 목표를 세우기 위한 100만 달러에 대해서 생각했다. 그리고 확신이 있을 때 많은 사람 앞에 용감하게 자신의 목표를 말했다.

당신도 당신의 목표에 집중하라. 밤낮 목표에 사로잡혀라. 공연히 말만 하는 사람이 되지 말라. 목표에 사로잡힌 인생이 되라.

그리고 확신이 있을 때 주위 사람들에게 당신의 목표를 말하라. 당신의 후원자가 될 사람에게 말하라. 당신의 목표는 당신 안에서 자라서 강해졌기 때문에 강력한 전염성으로 다른 사람을 감염시킬 것이다.

당신이 목표를 말하기 전에는 다른 사람이 당신의 목표에 대해서 묻지도 않는다. 그러면 기회도 오지 않는다. 그러나 목표를 말하는 순간 그 목표가 그 사람에게 전염되어서 당신을 지지하게 되고 목표를 이룰 수 있는 기회를 제공할 것이다.

세부적인 계획을 세운다

18세 정도로 보이는 소년이 로버트 슐러 목사를 찾아와서 물었다.

"목사님, 저는 일생 동안 100만 달러를 벌려고 합니다. 그리고 그 돈을 필요로 하는 일에 쓰다가 죽으려고 합니다. 그런데 저는 이렇게 할 수 있을지에 대한 믿음이 없습니다. 어떻게 해야 됩니까?"

그러자 로버트 슐러 목사는 소년에게 물었다.

"너는 78세까지 살 수 있다고 믿느냐?"

"예, 나는 분명히 믿을 수 있습니다."

"그렇다면 내가 너에게 백만 달러를 버는 방법을 보여주지."

"어떻게요?"

소년은 기대에 차서 힘찬 목소리로 물었다.

"문제는 간단하다. 잘 들어라. 열심히 일해라. 부지런히 벌어야 한다. 그렇게 번 돈을 매년 2천 달러씩 20년을 저축해라. 그러면 20년 후 네가 38세가 되는 해에 4만 달러가 저축되어 있는 적금통장을 손에 쥐게 될 것이다. 그리고 그때 이 돈을 연수익률 8% 정도로 올릴 수 있는 곳에 투자해라. 그 이자는 1년 단위로 하여 복리로 늘어날 것이다. 그러면 더 이상 투자하지 않아도 네가 가진 4만 달러는 40년 동안 늘어나서 네가 78세가 되는 해에는 1백만 달러가 될 것이다. 이것은 수학적 근거를 가진 확실한 증거이다."

슐러 목사의 말을 듣던 소년은 깜짝 놀랐다. 그리고 소리쳤다. "백만 달러를 갖는 것이 불가능한 꿈은 아니군요. 저는 꼭 목사님의 가르침대로 하여 78세가 되는 해에 백만 달러를 손에 쥐겠습니다."

슐러 목사가 자기를 찾아온 소년에게 말한 내용에서 계획을 어떻게 세밀하게 세웠는지 알아보자.

계획을 세우는 방법

- 언제 시작할 것인가? 바로 지금이다.
- 언제까지 목표를 이룰 것인가? 60년 후인 78세까지다.

- 그 과정에서 해야 할 일은 무엇인가? 매년 2천 달러씩 20년 저축하고, 그 돈을 매년 8%씩 복리로 늘어나는 곳에 투자하는 것이다.
- 최종목표는 무엇인가? 100만 달러를 갖는 것이다.
- 중간 목표는 무엇인가? 4만 달러이다.
- 10년 후, 그리고 5년 후의 목표는 무엇인가? 2만 달러와 1만 달러를 저축하는 것이다.
- 지금 할 일은 무엇인가? 열심히 일을 해서 돈을 버는 것이다.

목표를 정한 후 그 목표를 실천하기 위해 세부적인 계획을 세우는 것이 성공한 사람들의 특별한 기술이다. 목표를 분명하게 하고, 진정으로 자기가 하고 싶은 일을 하고자 할 때 세부적인 계획들을 통해 행동지침을 만들어야 한다.

과감하게 모험을 한다

어느 약국 앞에 한 마차가 섰다. 한 늙은 의사가 마차에서 내려 약국 후문으로 들어갔다. 그곳에서 그 약국에서 일하고 있는 한 젊은이가 그 늙은 의사를 맞이하였다. 두 사람은 무언가 이야기를 하더니 낡은 주전자와 약을 휘젓는 막대 하나를 그 젊은이에게 주었다. 그리고 그 젊은이는 주머니 안쪽에서 돈 뭉치를 꺼내서 늙은 의사에게 주었다.

그 돈은 500 달러로 그 젊은이가 그동안 모아 놓은 돈 전부였다. 한마디로 그 젊은이의 전 재산이었다. 그 돈을 받은 늙은 의사는 젊은이에게 종이 한 장을 또 주었다. 그 종이에는 주전자에 들어 있는 것을 만들고 끓이는 방법이 적혀 있었다.

늙은 의사는 그 메모가 500달러에 팔리게 되어서 대단히 기뻤고, 젊은이는 주전자에 든 것과 종이에 적힌 공식을 사는 데에 지금까지 벌어 놓은 전 재산을 썼지만, 그것이 큰 재산이 될 것 같은 생각에 매우 기쁘게 생각했다.

하지만 그 늙은 의사는 그 주전자와 메모지가 후에 큰 부를 가져다 줄 것이라는 것을 상상하지도 못했다. 젊은이에게는 낡은 주전자 안에 든 것과 그것을 만드는 방법이 적힌 메모지가 큰 부를 가져다 줄 기회였던 것이다.

그 주전자 안에 든 내용물은 현재 전 세계에 없는 곳이 없으며, 수많은 사람들에게 일자리를 제공하고, 막대한 설탕을 필요로 하기 때문에 설탕 제배업자들에게도 막대한 이익을 주었다. 또한 수억 개의 유리병을 사용했기 때문에 유리공업에 종사하는 사람들에게도 큰 이익을 주어 윤택한 생활을 할 수 있게 했다.

나아가 그 도시는 미국에서 제일가는 상업 도시로 발전하였으며, 직간접으로 이 도시에 사는 사람들의 삶에 커다란 영향을 주었다. 또 이것 덕분에 그곳에 남부 최대의 대학이 설립되어 많은 학생들이 공부를 하고 있다.

낡은 주전자 안에는 코카콜라의 원료가 들어 있었으며, 메모에는 코카콜라를 만드는 방법이 들어 있었다. 그 젊은이가 바로 코카콜라를 최초로 만든 아서 캔들리였다. 아서 캔들리는 과감하게 자신의 전 재산을 걸고 모험을 하여 세계 최고의 부자가 되는 기회를 획득했던 것이다.

과감한 모험에 기회가 있다.

성공한 사람들은 성공의 법칙을 안다. 성공의 법칙 중의 하나가 과감하게 모험을 하는 것이다. 아이디어를 잡았을 때, 그것에 가능성이 있을 때, 두려움으로 머뭇거리는 사람은 성공할 수 없다. 기회는 항상 기다리는 것이 아니다. 기회는 바람처럼 왔다가 재빨리 사라져 버린다.

아서 캔들러가 그날 저녁 의사와의 만남이 있은 후 머뭇거렸다면 기회는 다른 사람에게 갔을 것이다. 캔들러는 과감하게 모험을 했다. 자기의 전 재산을 더 큰 부를 얻을 수 있는 기회에 투자한 것이다. 이것은 행운이나 우연이 아니다. 도전을 한 것이다.

당신이 분명한 목표를 정하고 목표에 집중하고 있으면, 때때로 기회는 당신을 찾아와서 내면에 음성을 들려준다. 다른 어느 누구도 당신에게 이렇게 하라고 말하지 않지만 내면에서 '바로 이때다. 지금이 기회이다. 잡아라.'는 강한 음성을 전해준다. 그때를 당신의 것으로 삼아야 한다. 그때가 바로 과감하게 모험할 때이자 성공할 최적의 기회인 것이다.

아서 캔들러처럼 당신 인생에도 모험할 때가 몇 번 찾아온다. 그때를 위해서 목표에 집중하면서 내면의 소리에 항상 귀를 기울여라. 내면의 음성이 "지금이 기회다."라고 말할 때 과감하게 모험하라. 머뭇거리지 말라.

한 번 더 도전하라

　1895년 미국은 끔찍한 불황을 맞이하였다. 많은 사람들이 실직하고 사업은 부도를 맞았으며, 모든 사람들이 실의의 나날을 보내고 있었다. 그 때 오리슨 스웨트 마든은 이렇게 실망 속에서 방황하는 사람들에게 희망과 용기를 줄 수 있는 글을 써야겠다고 결심했다. 자기 자신도 경제적으로 어려운 상황이라 말을 보관하는 마굿간 부근에 방을 얻었다. 그리고 글을 쓰기 시작하였다.

　〈삶의 전면에 나서라〉는 제목을 정하고 꼬박 1년을 매달려서 탈고하였다. 탈고를 마친 후 어느 날 식사를 하러 간 사이에 말 보관소에 불이 났다. 그로 인하여 그가 거주하던 방에도 불이 붙으면서 1년 동안 애써 써 놓은 원고가 모두 연기로 날아가 버렸다. 그는 실망하였으나 다시 집필하기로 마음먹었다.

마든은 다시 집필을 시작했다. 지난번에 생각했던 주제들과 내용들을 떠올리면서 다시 썼다. 마침내 탈고를 마친 그는 원고를 싸들고 출판사를 찾아갔다. 그러나 온 나라가 불황으로 허덕이고 있는 마당에 그의 원고를 출판하겠다고 선뜻 나서는 출판사가 없었다. 여러 출판사를 찾아갔으나 모두 퇴짜를 당했다.

　그러나 마든은 포기하지 않았다. 생계를 위해서 다른 직장을 구했으나 그 원고를 출판할 출판사를 구하는 일은 포기하지 않았다.

　그러던 어느 날 출판사와 친분이 있는 한 분을 만나 그런 일을 이야기하자, 한 출판사를 소개해주었다. 그것이 계기가 되어 마침내 출판을 하게 되었다. 그렇게 우여곡절 속에서 출판된 〈삶의 전면에 나서라〉는 출판되자마자 선풍적인 인기를 얻어 미국 전역에 베스트셀러가 되었다. 이것은 오로지 포기하지 않고 도전하고 다시 도전한 결과이다.

포기하지 않고 다시 도전할 때 기회가 온다

　성공을 향해 가는 길이 항상 평탄한 것은 아니다. 그 길에는 골짜기도 있고, 넘어야 할 산도 있다. 어떨 때는 건너

가기 힘든 강도 만난다. 그뿐만 아니라 절벽을 만나 당신이 세운 목표를 포기해야만 할 때도 있다. 그러나 절벽을 만났다고 해서 포기하라는 것은 아니다. 실패자들은 이 때 포기한다. 성공한 사람들은 이때 포기하지 않고 다시 도전한다. 이런 난관을 다시 도전하는 기회로 삼는다. 그리하여 목표에 도달한다.

존 번연은 종교재판을 받아 감옥에 투옥해 있을 때 〈천로역정〉을 썼으며, O. 헨리는 감옥에 수감되어 있을 때 잠재되어 있는 자신의 재능을 발견하여 위대한 작가가 되었으며, 찰스 디킨스는 상표를 붙이는 평범한 기능공이었으나 쓰라린 실연을 경험하고 세계적인 작가가 되었다. 베토벤은 귀가 점점 멀어져 갈 때 위대한 교향곡 9번을 작곡하였다. 이들은 모두 절망 속에서 포기하지 않고 한 번 더 도전해서 성공과 함께 수많은 사람들에게 감동과 용기를 불어넣었다.

포기할 수밖에 없는 절망을 겪었을 때 그 때가 바로 한 번 더 도전할 수 있는 기회이다. 큰 실패를 경험한 그때가 바로 한 번 더 도전할 때이다.다른 사람들이 냉소적인 시선을 보낼 때 그 때가 한 번 더 도전할 때이다.

포기하지 않을 때 기회가 온다

많은 사람들이 금맥을 찾아 서부로 몰리던 골드러시 시대, R.U 더비도 그의 숙부와 함께 금맥을 찾으러 나섰다. 하지만 금맥을 1미터 앞에 두고 성급하게 단념하여 몇백만 달러의 가치가 있는 금맥을 놓치고 말았다. 그 후 그는 보험 세일즈맨이 되었다.

더비는 어느 날 숙부집을 방문해서 숙부를 도와 낡은 맷돌로 밀을 갈고 있었다. 당시 숙부는 많은 소작인을 거느린 대농장의 주인이었다. 그 때 조용히 방앗간 문이 열리더니 어느 흑인 소작인의 딸인, 한 소녀가 들어왔다.

숙부는 그 소녀를 보자마자 말했다.

"무슨 일이냐?"

"엄마가 50센트를 받아오라고 하셨어요."

"안 돼, 빨리 돌아가."

"네."

소녀는 고분고분하게 대답했지만 여전히 그 자리에 서 있었다. 더비의 숙부는 일을 하느라고 그 소녀를 보지 못했다. 한참 만에 소녀를 발견한 더비의 숙부는 소리를 버럭 질렀다.

"집으로 돌아가라고 했는데 뭐하고 있느냐?"

소녀는 다시 "네." 하고 대답했다.

그러나 여전히 소녀는 꼼짝도 하지 않았다. 숙부는 맷돌에 넣으려던 밀 푸대를 땅에 내려놓더니 옆에 있는 저울대를 들고 험악한 얼굴로 소녀에게 다가갔다. 소녀는 꼼짝도 하지 않고 또렷한 목소리로 이렇게 말했다.

"어쨌든 엄마는 50센트를 받아오라고 하셨어요."

결국 더비의 숙부는 주머니에서 50센트를 꺼내 소녀에게 주었다. 돈을 받은 소녀는 공손히 인사를 하더니 조용히 문을 열고 나갔다. 한동안 숙부는 넋이 나간 사람처럼 멍하니 서 있었다.

나중에 더비는 그 때 받은 교훈을 이렇게 말했다.

"'나는 이제 틀렸구나.' 하는 생각이 들 때마다 그 때 방앗간에서 눈을 반짝이며 서 있던 소녀의 모습을 회상합니다. 그리고 어떻게든 이 세일즈를 성공해야겠다고 자신에게 말합니다. 세일즈의 성공은 언제나 목표한 고객이 'No'라고 말한 뒤에 이루어졌습니다."

더비는 너무 빨리 단념해서 수백만 달러의 가치가 있는 금맥을 놓친 일과 방앗간에 서 있던 소녀의 포기하지 않는 정신을 교훈으로 삼아 미국 최고의 보험 세일즈 왕이 되었다.

모든 사람이 단념할 때 기회가 있다

인생은 문제의 연속이다. 한 문제가 끝나면 다른 문제가 생긴다. 미국에서 성공한 사람들 500명을 상대로 조사한 바에 의하면 '모든 사람이 단념할 때 조금 더 견디는 것이 성공의 비결'이라는 것이 밝혀졌다.

이 세상에 한두 번의 역경도 없이, 한두 번의 실패도 없이 성공한 사람은 없다. 모두가 단념할 때 그 때가 바로 성공의 기회이다.

가진 것을 활용할 때 기회가 온다

　스탠리 스타인은 문둥병 환자였다. 그는 루이지애나주 카이발에 살고 있었다. 그의 병은 점점 심해져 두 눈이 완전히 멀었다. 그래서 나환자촌에도 갈 수가 없는 지경이었다. 그저 빨리 죽기만을 기다리고 있었다. 하루하루가 그야말로 비참한 생활이었다.

　그러던 어느 날 그의 마음속에 이상한 생각이 들었다.

　'내가 왜 이렇게 절망만 하고 살아야 하나? 나에게 희망이 되는 무엇이 없을까? 내게 남은 것을 가지고 무엇을 할 수 없을까?'

　그는 자신에게 정상적으로 남아 있는 것은 오직 '정신'뿐이라는 것을 깨달았다. 그리고 그것을 활용하기로 하였다.

　정신을 활용할 수 있는 방법을 궁리한 끝에 글을 쓰기로 생각했다. 그리하여 도서관에 가서 '글을 쓰는 방법'에 대한 책을 빌렸다. 책을 빌려서 손에 들고 병실로 오는 길에 의사를 만났다.

"스탠리, 손에 들고 있는 것이 무엇이오?"

"책입니다."

"스탠리, 두 눈이 전부 멀었는데 어떻게 책을 읽을 작정이오?"

"내게 책을 읽어 줄 사람을 찾아서 대신 읽어주도록 할 작정입니다."

"무슨 책입니까?"

"글을 쓰는 법에 대한 책입니다."

"두 눈이 안 보이는 상황에 그런 책은 적합하지 않다고 생각하는 데요."

의사의 눈에 비친 스탠리의 모습은 정상이 아니었다. 그러나 스탠리는 자신에게 남은 것으로 할 수 있는 것을 찾고 있었다. 그는 자신의 병을 소재로 하여 다른 사람들이 읽고서 불행을 딛고 일어설 수 있는 그런 책을 쓰기로 하였다.

스탠리는 녹음기를 준비하여 거기에다 자신의 생각을 녹음한 후 다른 사람에게 글로 쓰게 할 작정이었다. 모든 것을 잃었지만 아직 남아 있는 것으로 무엇을 할 수 있는지 생각하고 있었다.

아직 정신은 건강하므로 그 정신을 이용할 계획이었다. 그는 계획대로 책을 썼다. 구술로 녹음하여 다른 사람의 힘을 빌려 글로 완성시켰다. 그렇게 완성된 책이 바로 〈이제는 외롭지 않다〉이다. 그는 그 글을 통해서 자신의 이야기를 발표하고 많은 사람들에게 깊은 감동을 주었다.

남아 있는 것으로 기회를 만든다

"나는 잃어버린 것들에 대해서 슬퍼하는 대신, 아직도 남아 있는 것을 최대한 활용하려고 합니다."

스탠리는 자신에게 남아 있는 것에서 성공의 기회를 찾았다.

자신에게 없는 것은 무시하자.

가진 것을 크게 보라.

그것을 잘 활용할 때 기회가 온다.

성공한 사람들은 자기가 가진 것을 최대한 활용하여 일했다. 팔방미인보다는 한 가지를 잡는 사람이 성공한다. 당신이 잘 하는 한 가지면 족하다. 작은 것이라도 좋다. 당신이 가지고 있는 것을 강화시켜야 한다.

열정을 발휘할 때 기회가 온다

매사추세츠주의 한 공예학원을 졸업한 청년이 은행에 입사하기 위해 동분서주하고 있었다.

어느 날 그는 보스턴의 한 은행이 사원을 모집한다는 광고를 보게 되었다. 그런데 이상한 것은 신입사원을 모집하는 은행의 이름이 적혀 있지 않은 것이었다. 지망자는 서면으로 신청하라고만 되어 있을 뿐 그 밖에 다른 사항은 전혀 기재되어 있지 않았다. 사서함 번호만 있었다.

하지만 이 청년은 이 은행에 입사하기로 마음먹었다. 입사 원서를 사서함으로 보내는 방법이 있었으나 그 청년은 그것보다는 직접 은행을 찾아가서 인사담당자에게 원서를 주고 싶었다. 그런데 어느 은행인지, 그 은행이 어디에 있는지 알 수 없는 처지에 방법을 고민하던 그는 한 아이디어가 떠올랐다. 그것은 사서함 번호였다.

그는 곧장 우체국으로 달려가서 우체국 직원에게 물었다.

"이 신문 광고에 적혀 있는 사서함 번호의 소유자가 누구인지 알 수 없습니까?"

"저희로서는 알려드릴 수 없습니다. 그건 저희 규칙입니다. 죄송합니다."

청년은 다시 여러 가지 궁리를 했다. 잠시 후 좋은 방법이 떠올랐다.

이튿날 아침 우체국으로 달려가 우체국의 문이 열리기를 기다렸다. 문이 열리자마자 사서함이 있는 쪽으로 달려갔다. 광고에 적힌 사서함 번호가 있는 곳 부근에서 어슬렁거리고 있었다. 얼마 안 있어 우체국 직원이 그 사서함을 열고 사서함 속에 들어있는 편지를 모두 꺼내어 가방에 넣었다. 가방에는 은행의 이름이 뚜렷하게 적혀 있었다. 청년은 그 은행으로 달려갔다. 그리고 인사 담당에게 면회를 신청하고 입사원서를 주었다. 인사 담당자는 의아한 표정으로 물었다.

"우리 은행이 신입사원을 모집한다는 것을 공표하지 않았는데 어떻게 알았습니까?"

"신문광고를 보고 알았습니다."

"신문광고에는 우리은행의 이름이 들어 있지 않았는데요."

그러자 그 청년은 은행의 이름을 알게 된 경위를 말하였다. 그러자 인사담당자는 놀라운 눈으로 청년을 바라보더니 자신의 책상 앞에 수북이 쌓인 서류를 가리키며 말했다.

"이것이 모두 입사지원서인데 아직 한 통도 읽지 않았습니다. 하지만 이제 읽을 필요가 없을 것 같습니다. 지금 당신을 채용하기로 하겠습니다."

그렇게 하여 그 청년은 은행에 입사를 하게 되었다. 순전히 은행에 입사를 하고야 말겠다는 열정으로 입사하게 된 것이다.

원하는 것을 구체적으로 명확하게 알라

당신이 정말로 원하는 것에 대해서 명확한 정의를 내리게 되면 그것에 대한 열정이 생기고, 그것을 구할 수 있는 방법이 떠오르게 된다. 그러면 생각이 떠오르고 그 생각대로 열심히 움직이게 된다. 자신도 모르는 사이에 그것에 대한 열정이 생긴다.

창조적인 아이디어를
사용할 때 기회가 온다

　캘리포니아주 스톡턴에 사는 주민들이 물 부족을 해결하기 위해 몇 명의 기술자들을 불러모아 의논한 결과, 물 부족을 해결하는 방법은 태평양 대학 입구에 높은 급수탑을 세우는 것밖에 없었다. 그들은 급수탑을 지리학상 대학 정문 앞에 세워야만 효과가 있다고 주장했다. 하지만 대학 측에서는 보기 흉한 급수탑을 정문 앞에 세우면 대학 입구의 모습을 망친다고 설립을 거부했다.

　얼마 뒤 정작 주민들의 물 부족을 해결하기 위해서 대학 입구의 모습을 망치는 일이 있더라도 급수탑을 세우지 않으면 안될 상황에 이르렀다. 태평양대학 총장인 로버트 번즈 박사는 주민들의 물 부족과 대학의 아름다운 모습을 유지하는 것 사이에서 고민하느라 밤잠을 설쳤다. 기술자들은 완강하게 주민들의 물 부족 현상을 해결하기 위해 대학 입구에 급수탑을 높이 세워야 한다고 주장했으나 흉물스러운 급수탑을 대학 입구에 세운다는 것은 대학 측으로서는 도저히 용납되지 않았다. 그렇다고 주민들이 물 부족으로 생활에 많은 어려움을 겪고 있는 현실을 외면할 수도 없는 처지였다.

번즈 박사는 곰곰이 생각한 끝에 한 가지 생각이 떠올랐다. 그는 그 생각대로 급수탑을 만들도록 하였다. 급수탑 꼭대기에 있는 급수 탱크를 감추기 위해 급수 탱크가 있는 위쪽은 채색 유리창을 끼웠다. 그리고 탑의 아래쪽을 9층으로 나누어 현대식 사무실과 라디오 방송실을 만들었다. 그리하여 이제 그 탑은 태평양 대학에서 가장 아름다운 상징물이 되었다.

번즈 박사의 창조적인 아이디어가 흉물스러운 급수탑을 대학의 아름다운 상징물로 바꾸었다. 창조적인 아이디어를 가진 사람에게는 어떤 문제가 더욱 발전할 수 있는 기회가 되는 것이다.

문제에 기회가 있다

성공을 향해 가는 길에는 항상 문제라는 장애물이 놓여

있다.

그러나 문제가 사람을 통제하지는 못한다. 문제는 누구에게나 앞에 놓여 있는 공통분모이다. 실제로 사람의 운명을 가르는 것은 문제가 아니라 문제에 대한 자세이다.

창조적인 아이디어로 문제를 대하는 사람은 마치 유능한 항해사처럼 '문제'라는 바람을 이용하여 더 빨리 목적지에 이르게 된다. 성공한 사람 누구에게도 문제가 있었다. 다만 그들은 문제를 올바르게 다루었을 뿐이다.

문제를 어떻게 다루느냐에 따라 더 현명하고, 더 인내하는 사람이 될 수도 있으며, 반면에 비관적이고 낙심하고 포기하는 사람이 될 수도 있다. 문제를 다루는 당신의 자세로 인해 문제는 당신을 더 좋은 사람으로 만들 수도 있고, 더 나쁜 사람으로 만들 수도 있다.

문제로 인해 당신의 마음이 더 커질 수도 있고, 완전히 위축될 수도 있다. 문제 때문에 당신은 발전할 수도 있고 퇴보할 수도 있다. 문제 때문에 성공할 수도 있고 실패할 수도 있다. 따라서 문제는 당신의 운명을 결정하는 기회임인 셈이다. 문제를 성공의 기회로 삼기 위해서는 창조적인 아이디어로 문제를 대해야 한다.

성공을 기대하면
기회가 찾아온다

어느 날 60대 초반으로 보이는 노인이 30대인 아들을 데리고 노만 필 박사를 찾아왔다. 노인은 아들을 소개한 뒤 박사에게 물었다.

"제 아들인데요, 하는 일마다 실패를 합니다. 왜 그런지 말씀 좀 해주세요."

그 아들은 겉보기에 아주 똑똑한 청년이었다. 겉보기만 그런 것이 아니라 명문대학을 졸업했으며, 가문도 좋았다. 따라서 무엇으로 보나 성공할 수 있는 최고의 기회를 가지고 있었다. 그럼에도 불구하고 무슨 일이든지 시작하려고 하면 실패의 예감이 그의 마음을 사로잡았다. '이 사업이 성공할 수 있을까.' 하는 회의감이 그를 사로잡았다.

필 박사는 그런 그의 마음을 알지 못했기 때문에 여러 각도로 생각해도 실패의 원인을 찾을 수 없었다.

　　　　　　　기회를 **잡**는 사람 **놓치**는 사람

노만 필 박사로부터 뾰족한 방법을 듣지 못한 두 사람은 실망하여 집으로 돌아왔다. 집으로 돌아온 아들은 곰곰이 생각했다. 열심히 노력을 했는데도 왜 실패만 거듭하는지 그 이유를 찾아보았다.

　그러던 어느 날 그 청년은 자신의 문제점을 발견했다. 무엇이 자신을 실패로 몰고 가는지 알게 되었다. 그리고 발견한 것을 실천에 옮겼다. 그 결과 끈질기게 괴롭히던 실패의 예감으로부터 해방되고 성공의 확신을 가지게 되었다.

　얼마 후 그 청년은 필 박사를 방문했다. 필 박사는 깜짝 놀랐다. 처음 만났을 때와는 완전히 다른 모습이었기 때문이다.

　"아니 얼마 전 아버지와 함께 찾아왔던 그 청년이 아닙니까? 너무 놀랐습니다."필 박사는 다시 말을 이었다.

　"얼마 전까지만 해도 당신은 많은 실패를 겪어서 의기소침해 있었는데 지금은 모습이 완전히 변했습니다. 그리고 지금은 성공해서 사회적인 지도자가 되었다고요. 어떻게 그렇게 달라질 수 있었지요?"

　필 박사의 질문에 그 청년은 자신있게 대답하였다.

　"그건 간단합니다."그는 말을 이었다.

　"생각의 힘을 깨달은 것입니다. 좋지 못한 것을 생각하고 기대하면 좋지 못한 일이 일어나고, 실패를 생각하고 기대하면 실패를 하며, 최선의 결과를 바라면 결과도 그렇게 된다는 것을 깨달았습니다. 그래서 언제나 최선의 것을 기대하는 습관을 길렀는데, 최근 하고 있는 사업도 그런 방향으로 흘러가고 있습니다. 생각은 기적을 일으키는 것 같습니다."

이 청년은 성공의 기회를 학벌이나 가문이 가져다주는 것이 아니라 생각하고 기대하는 것이 가져다준다는 이치를 깨달은 것이었다.

마음속을 기대하는 것으로 채우는 방법

성공한 사람들은 기대하는 것을 배워서 성공을 손에 넣게 되는 경험을 많이 한다. 기대한다는 것은 막연히 '모든 것이 잘 될 것이야.'라는 식의 추상적인 바람을 말하는 것이 아니다. 구체적인 목표를 정하고, 그것을 얻기 위해 전력질주하면서, 마음속에 강력히 소원하는 것을 말한다. 일할 때 실패보다는 성공을 생각하는 것을 말한다.

실패의 예감은 당신을 부정적으로 만들어 결국 일을 그르치게 한다. 실패라는 것은 실력의 문제라기보다는 마음 자세인 경우가 더 많다.

성공한 사람들이 자신의 마음을 기대감으로 채우는 방법에는 다음 몇 가지가 있다.

첫째, 열등감을 버린다. 열등감이야말로 성공의 가장 큰 장애물이다.

둘째, 조그마한 적극성이라도 키운다. 조그마한 적극성이라도 의식적으로 키우면 점점 자라 큰 힘을 발휘하게 된다. 캄캄한 밤이 되면 작은 불빛도 아주 멀리까지 비추게 된다. 아주 작은 적극적인 사고에 반응하는 법을 배우면 점차 자신의 마음을 점령하게 된다.

셋째, 부정적인 사고가 자리잡지 못하도록 의식적으로 거부한다. 무슨 일을 할 때마다 '이 일이 잘 될까? 혹시 실패나 하지 않을까?' 하는 생각을 버린다.

넷째, 인격을 점검한다. 육체적으로 건강하도록 항상 노력한다. 시간을 관리한다. 도덕성을 살핀다. 양심에 따라서 살고 있는지 점검한다.

마지막으로 성공한 모습을 날마다 그려본다.

마음속으로 성공한 자신의 모습을 상상한다. 되고 싶은 사람의 사진을 잘 보이는 곳에 붙여 놓고 날마다 바라본다. 바라보는 것이 힘이 된다.

　자신의 인생을 적극적으로 기대한다. 마음속에서도 보지
못한 미래를 기대할 수는 없다.

정보 속에 기회가 들어 있다

　벨기에 남동부 워털루에서 남쪽으로 5킬로미터 지점에 나폴레옹이 이끄는 7만2천 명의 병력과 영국의 웰링톤 공작이 이끄는 동맹군 6만5천 명이 대치하고 있었다. 이 전투에서 나폴레옹이 승리하면 유럽은 다시 나폴레옹 손에 들어가고 만약 영국군이 이끄는 동맹군이 이긴다면 영국에 거주하고 있는 네이션 로스차일드는 부를 거머쥘 절호의 기회를 잡을 수 있었다.

　네이션은 영국 포크스톤 항에서 먼 바다를 바라보며 초조한 마음으로 기다리고 있었다. 초조함이 역력했다. 그가 기다리고 있는 것은 전투 결과였다. 그때 마침 네이션의 눈에 멀리서 항구를 향해 달려오는 배 한 척이 보였다. 잠시 후 배에서 내린 로스워드는 네이션에게 방금 인쇄된 신문 한 장을 건넸다. 그 신문의 헤드라인에는 커다란 글자로 '영국군의 승리'라는 타이틀이 적혀 있었다. 신문을 읽은 로스차일드는 회심의 미소를 지으면서 로스워드에게 말했다. 로스워드는 로스차일드 집안에서 일하는 집사였다.

"집 안에 있는 모든 돈을 은행에 저금하게."

네이션이 받은 이 정보는 영국군보다 빠른 정보였다. 네이션이 이렇게 빠른 정보를 얻을 수 있게 된 것은 모두 아버지 마이어 암셀 로스차일드의 덕분이었다.

마이어는 아들 5형제를 두었는데, 그들에게 항상 이렇게 말하곤 했다.

"너희들은 뿔뿔이 흩어지지 말고 묶여 있는 화살처럼 뭉쳐서 세계를 돈으로 싸워 이기기 바란다. 그러기 위해서는 빠른 정보 획득이 무엇보다도 중요하다."

아버지의 지시에 따라 다섯 형제는 유럽의 각국에 흩어져 살면서 장사에 관한 일에서부터 세상 돌아가는 것까지 정보를 수집하여 서로 교환했다. 정보를 교환하는 로스 차일드가의 우편마차는 유럽에서 가장 빨리 달리는 것이었고, 바다에서도 정보를 싣고 다니는 그들만의 범선이 바다 위를 최고의 속도로 신속하게 달렸다. 이처럼 로스차일드가는 유럽 전역에 걸쳐서 빠르고 안전한 믿을 수 있는 자기들만의 네트워크를 형성해 놓았다.

다음 날 영국의 증권거래소를 방문한 네이션은 굳은 표정으로 자신의 고정석으로 알려진 기둥에 가서 섰다. 주위의 많은 사람들이 그의 눈치를 살폈다. 영국증권가의 큰손인 네이션의 움직임 하나하나에 따라 증권과 채권의 가격이 결정되었다.

네이션이 국채를 팔겠다는 주문을 내자 증권가는 삽시간에 술렁거렸다. 네이션이 국채를 파는 것은 영국군이 졌기 때문이라고 주위 사람들은 판단했다. 투자자들은 너도나도 국채를 팔기 시작했다. 국채 값이 바닥으로 떨어져 더 이상 하락할 수 없는 지경에 이르자 드디어 네이션은 다시 국채를 매입하였다. 다시 국채를 매입하는 네이션의 행동을 의아한 눈으로 바라보던 투자자들은 얼마 안 있어 "영국군이 승리했다."는 신문 속보를 보고서야 네이션의 행동을 이해하게 되었다. 그리하여 누구보다 빠른 정보를 얻음으로써 네이션은 국채를 대폭락시키는 함정을 파놓고 많은 이익을 얻을 수 있었던 것이다.

이렇게 발빠른 정보를 수집하여 거금을 거머쥔 로스차일드 가문의 기초를 세운 사람은 마이어 암셀 로스차일드로

프랑크푸르트 유대인 집단촌에서 태어난 그는 20세부터 사업을 시작하였다. 그는 '하나를 벌면 둘을 저금하라.'고 아들 5형제에게 어려서부터 저축하는 습관을 가르쳤다. 그리고 돈을 벌기 위해서는 정보 수집을 게을리 해서는 안 된다는 점을 강조하여 아들들도 어려서부터 정보수집이 습관이 되었다. 그래서 그의 아들들은 사람들이 모여서 이야기하는 곳에나 친구들이 모인 곳에서 정보를 들으려고 애를 썼다. 그렇게 노력한 결과 로스차일드 가문은 금융업을 기본으로 석유, 다이아몬드, 금, 우라늄, 레저 산업 등 여러 분야에서 세계적으로 위력을 발휘하고 있다.

유용한 정보를 얻는 원칙

당신이 유용한 정보를 찾으려면 다음의 원칙을 지켜야 한다. 즉, 적합성, 신속성, 경제성이다. 정보를 찾기 위해 먼저 판단해야 할 일은 이 정보가 당신에게 적합한 정보인가를 판단하는 것이다. 로스차일드 형제는 정보의 소스를 조직화하고, 관심 영역을 명확히 설정했다.

두 번째는 신속성이다. 언제 정보를 아는가가 중요하다. 예를 들어 주식투자를 할 때 공시에 뜬 정보로 해당 회사의 정보를 파악하는 것은 항상 뒷다리 잡기가 될 수밖에 없다. 공시가 뜨기 전에 그 회사의 내부 정보를 알 수 있다면 성공 확률은 그만큼 높아진다. 많은 사람들이 다 알고 있는 정보는 돈 되는 정보가 아니다. 그렇다고 많은 사람들이 다 알고 있는 정보를 당신만 모른다면 그것 또한 문제다. 로스차일드는 지속적인 정보 수집을 하면서도 자신만의 차별화된 정보의 소스를 확보하고 있었다.

마지막으로 경제성이다. 돈 되는 정보와 돈 안 되는 정보를 가려낼 수 있는 안목을 키워야 한다. 이런 안목을 키우기 위해서는 경제 정보를 지속적으로 접할 필요가 있다. 작은 돈으로 주식 투자를 해보는 것도 경제에 관심을 가지는 데 많은 도움이 될 수 있다. 로스차일드는 어디를 가나 진정 돈 되는 정보를 찾기 위해 노력했다.

강렬하게 소망하라

그 유명한 헨리 포드가 자동차의 8기통 V8엔진을 개발할 때의 일이다. 포드는 8개의 실린더를 하나로 묶어 조립한 엔진을 제작하기로 마음먹고 기술자들에게 의뢰를 했다. 그러나 포드의 아이디어를 설계도에 그려본 기술자들은 이구동성으로 이론적으로 불가능하다고 말하였다. 그러나 포드는 물러나지 않았다.

"무슨 일이 있어도 만드세요."

그러자 기술자들은 말했다.

"불가능한 것은 불가능합니다."

그러나 포드는 굽히지 않고 단호하게 말했다.

"어떻게든 만들어야 해요. 시간이 얼마나 걸리든 상관없소. 완성될 때까지 그것을 만드는 일에만 집중하세요."

포드는 단념하지 않았다. 결국 기술자들은 포드의 명령

에 따라 V8엔진 개발에 착수했다. 그러나 개발에 착수한 지 1년이 지나도 전혀 진전이 없었다. 기술자들은 온갖 상상력을 동원하여 연구를 거듭했으나 결국 불가능하다는 결론이 나왔다. 다시 1년이 지난 후에도 개발이 불가능하다는 보고를 받았다. 그러나 포드는 포기할 수 없었다. V8엔진을 만들겠다는 포드의 소원이 강렬했기 때문이다.

보고를 받은 포드는 다시 기술자를 불렀다. 그리고 말했다.

"몇 번이라도 다시 도전하시오. 어쨌든 나에게는 그것이 가장 중요하오."

다시 개발에 착수한 기술자들은 불과 몇 달 후 기적처럼 V8엔진을 완성시켰다. 결국 강렬한 소망이 V8엔진 개발이라는 거대한 성과를 거둘 수 있게 된 것이다.

한 가지에 집중시켜라

성공을 원한다면 생각을 집중시켜야 한다. 포드는 한 가지 생각만 했다. V8엔진이 달린 자동차가 거리를 달리는 광경만 생각했다. 그의 집중된 생각은 강렬한 소망을 이끌었다. 그리고 그는 결국 성공했다.

성공과 실패의 차이는 생각의 차이다. 실패자들의 생각

은 집중력이 없다. 여기저기 떠도는 구름처럼 생각이 흩어져 있다. 자신이 무엇을 원하는지 한마디로 대답하지 못한다. 집중하지 않은 생각은 화력이 없는 불꽃처럼 아무것도 만들지 못한다. 일을 시작하고 얼마 안 가서 흐지부지해지는 사람들이 많다. 그들은 자신의 인생을 불태울 만한 강렬한 소망이 없다.

그래서 그들에게는 성공의 기회가 오지 않는다. 설령 왔을지라도 기회를 잡지 못한다. 강렬한 소망이 없기 때문이다. 그러나 성공한 사람들의 생각은 집중력이 있다. 목표가 확실하기 때문에 생각의 초점도 분명하다.

집중적인 생각은 강렬한 소망을 생산한다. 강렬한 소망은 불과 같아서 끈질기게 매달리도록 만들고, 무엇이든지 이루어 놓는다.

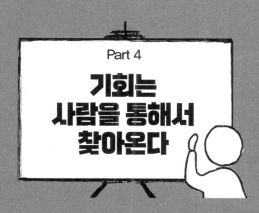

Part 4

**기회는
사람을 통해서
찾아온다**

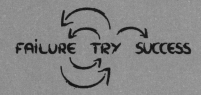

기회는 사람을 통해서 찾아온다.

본문 중에서-

기회는 만남에서 시작되고
만남에서 끝난다

기회는 비나 눈이 내리듯이 하늘에서 뚝 떨어지는 것이 아니다. 사람을 통해서 온다. 사람이 기회를 가져다준다. 사람을 통해서 성공과 실패의 기회가 온다. 즉 인간관계에서 시작된다. 인간관계가 좋으냐 나쁘냐에 따라서 좋은 기회가 주어지기도 하고, 인생을 망치는 기회가 주어지기도 한다. 좋은 인간관계는 좋은 첫 만남에서부터 시작된다.

첫 만남에서 좋은 관계를 유지하기 위한 비결이 있다. 이 비결은 누구나 다 아는 비결이다. 그러나 실천하는 사람은 극소수에 불과하다. 바로 긍정적으로 다가서는 것이다.

긍정적으로 다가서는 것이 중요한데 대부분의 사람들은 그 반대로 행하고 있다. 예를 들어서 당신이 모임에 참석할 때 '이 모임이 내게 무슨 이득이 있겠는가?'라고 생각하고 참석한다. 무언가 부정적인 사건이 일어날 때까지 계속 의

혹을 제기하다가 마침내 무슨 일이 일어나면 자기 생각이 맞았다고 확신하는 것이다. 긍정적으로 다가서는 것은 이런 부정적인 생각을 떨쳐 버리고 다가서는 것이다. 이 모임에서 나에게 '무슨 좋은 기회가 주어질 것'이라고 낙관적인 생각을 하는 것이다. 누군가를 개인적으로 만날 때에도 그 사람과의 만남이 자신에게 무엇인가 좋은 기회가 될 것이라고 생각하는 것이다.

또한 "좋은 인상을 주는 데에는 두 번의 기회가 없다."는 말을 기억할 필요가 있다. 처음 몇 분 동안을 어떻게 하느냐에 따라서 상대는 나와 얼마나 많은 시간을 보낼지를 결정한다. 상대에게 관심을 사게 하고, 첫 5분 동안 상대가 편안하게 대할 수 있게 하는 첫 번째 방법이 '웃는 얼굴'이다. 웃음은 좋은 인상을 남기고 어디서든 당신을 환영받게 만들어 준다.

두 번째는 악수를 하는 것이다. 악수는 상대에게 친밀감을 주는 행동이다.

악수는 언제나 상대와의 어색함을 없애준다. 상대가 어떻게 나올지 몰라 계속 망설이지 말고 손을 내밀어 인사를 청하라.

악수를 하다 보면 눈을 맞추게 되고 당신의 마음을 전달하게 된다. 눈을 맞추지 않는 상태에서 소개하게 되면 그 이름을 잘 기억하지 못하게 된다.

이름을 잘 기억하는 비결

다음으로는 인상 깊게 자기 소개를 하는 것이다. 자기 소개를 할 때 그 사람의 성격이 줄줄이 나오는 법이다. 좋은 자기 소개는 상대방의 호기심을 끌면서 자기를 드러내는 것이다. 마지막으로 상대의 이름을 기억하는 것이다. 상대의 이름을 기억하는 요령으로 다음 네 가지를 들 수 있다.

- 기억하기로 작정한다. 마음의 결정이 중요하다. 다시 말해 기억하겠다는 작정이 중요한 것이다.
- 집중한다. 소개받을 때 이름을 기억하지 못하는 것은 상대의 이름에 집중하지 못했기 때문이다.
- 얼굴을 주목한다. 소개받을 때 상대의 얼굴을 똑바로 바라보며 주목한다.
- 여러번 반복하여 외운다. 이름을 듣자마자 몇번 따라한다. 그 다음에는 시간 간격을 두고 세 차례 정도 반복한다.

상대의 관심사에
초점을 맞추어라

　카네기의 형에게는 두 아들이 있었다. 두 아들 다 머리가 명석해서 예일대학에 다니고 있었다. 그런데 두 아들들은 바쁘다는 핑계로 한 번도 부모에게 편지를 보내지 않았다.

　어머니가 아무리 간절한 편지를 보내도 답장을 하지 않았다. 그런 이야기를 들은 카네기는 반드시 답장이 오게끔 편지를 쓰겠다고 장담하였다. 그것도 답장을 보내라는 말 한마디도 하지 않고 답장을 오게끔 하겠다고 큰소리쳤다. 카네기의 형을 비롯해서 주위의 사람들은 자기 부모에게도 답장을 쓰지 않는 아들들이 설마 삼촌에게 답장을 보낼까 하는 의구심을 가졌다. 그래서 주위의 어느 한 사람이 카네기와 내기를 걸었다. 지는 사람이 백 달러를 내기로 하였다.

　카네기는 두 조카에게 편지를 썼다. 중요한 이야기라고는 하나도 없고, 잡담만 늘어놓았다. 그리고는 말미에 '추신'이라고 쓴 다음 이렇게 적었다.

"너희들에게 5달러씩 보낸다. 용돈으로 써라."

그러면서 일부러 돈을 보내지 않았다.

우습게도 답장은 곧바로 왔다. 예상보다 빨리 왔다. 그 답장에는 이렇게 쓰여 있었다.

"숙부님, 안녕하셨습니까? 보내주신 편지 감사합니다. 그런데 5 달러가 없습니다."

사람들은 모두 자기가 원하는 것에 관심을 가지고 있다. 따라서 관심을 얻으려면 그들의 관심사에 대해서 이야기하고, 그것을 얻을 수 있도록 도와주어야 한다. 이것을 알지 못하고서는 결코 사람을 움직일 수가 없다.

상대가 원하는 것이 무엇인지 알라

어느 날 랄프 왈도 에머슨이 송아지를 외양간으로 끌어들이기 위해 안간힘을 쓰고 있었다. 그러나 아무리 힘을 써도 송아지는 꼼짝도 하지 않고 그 자리에 서 있었다. 에머슨은 어떻게 하면 송아지를 외양간에 넣을 수 있을지 생각하고 있었다. 그러나 송아지는 에머슨의 마음을 아는지 모르는지 꼼짝도 하지 않으려고 했다. 그때 아일랜드 출신의 하녀가 우스꽝스러운 에머슨의 모습을 보고 외양간으로 왔다. 하녀는 에머슨처럼 배우지도 못했고, 글을 잘 쓰지도 못한다. 그러나 송아지에 대해서만큼은 에머슨보다 더 많이 알고 있었다. 그 하녀는 송아지 입에 무엇인가를 물리더니 아주 쉽게 외양간으로 송아지를 몰고 갔다.

성공한 사람은 사람이 무엇에 의해서 움직이는지 알고 있다. 사람은 누구나 자기가 원하는 것에 관심을 가지고 있다. 유럽 속담에 '이웃 노인의 죽음보다 자기의 아픈 어금니에 더 큰 관심을 가진 존재가 인간이다.'라는 말이 있다. 이러한 사실을 알고 다른 사람의 입장에서 생각하는 원리를 배운다면 성공의 기회는 한걸음 더 가까이 올 것이다.

상대의 자존심을 세워주어라

보통 아이들보다 체중이 미달된 아이가 있었다. 그런데 식사때마다 제대로 먹지 않아 부모는 걱정을 하며 아이에게 잔소리를 하였다.

"식사를 제대로 해야 키가 크고 건강한 아이가 되지."

"밥 안 먹을 거야? 안 먹으면 야단친다."

그러나 아무리 해도 아이가 밥을 먹지 않았다. 아이의 아빠는 아빠 입장이 아닌 아이 입장에서 생각하기 시작했다.

'아이가 원하는 것은 무엇일까? 어떻게 하면 아이가 원하는 것과 내가 원하는 것을 하나로 만들 수 있을까?'

아빠가 이런 생각을 하는 중에 한 가지 묘안이 떠올랐다.

아이가 자전거 타기를 좋아해서 아빠가 세발자전거를 사주었다. 아이는 항상 거리에 나가 세발자전거를 타면서 놀았다. 그런데 이웃에 심술궂은 아이가 자전거를 타고 있는 아들을 넘어뜨리고 자전거를 빼앗아 타곤 했다. 가끔씩 아빠는 퇴근하다 자전거를 빼앗기고 우는 아들을 달래고 심술궂은 아이로부터 자전거를 빼앗아 아들에게 주곤 했다. 이런 일을 생각하다가 아이가 원하는 것이 무엇인지 생각이 떠올랐다. 아이는 분명 자기도 빨리 커서 심술궂은 아이에게 복수를 하고 싶다는 생각을 하고 있을 것이다. 그렇게 생각한 아빠는 아들에게 말했다.

"얘야, 만일 네가 밥을 먹으면 앞집 아이보다 덩치도 훨씬 크게 되고 힘도 세게 될 거야. 그러면 그 아이는 너의 자전거를 빼앗거나 괴롭히지 못할걸."

이 말은 아주 효과가 있었다. 아들은 덩치 큰 앞집 아이를 혼내준다는 희망을 가지고 그때부터 밥을 잘 먹었다.

그런데 얼마 후 또 다른 문제가 생겼다. 밤에 잠을 자다가 이불에 오줌을 싸는 것이었다. 할머니와 함께 자는데 그것이 습관이 되어 아침마다 할머니에게 야단을 맞았다. 할머니가 어떤 때는 엉덩이를 때리기도 하고 창피를 주기도 했지만 소용이 없었다.

아이의 아버지는 오줌 싸는 버릇을 어떻게 하면 고칠 수 있을까 생각하다가 아들이 무엇을 원하는지 알고 싶었다.

기회를 잡는 사람 놓치는 사람

그래서 아들에게 물었다. 아들의 대답은 간단했다. 자기 침대를 갖고 싶다고 했다. 형들은 모두 침대에서 자는데 자기만 할머니 방에 자면서 침대가 없었던 것이다.

아버지는 그 다음날 아이를 데리고 가구점에 가서 점원에게 아이가 듣도록 큰 소리로 말했다.

"우리 아이가 이제 다 커서 침대에서 자고 싶어합니다. 그러니 어른이 자는 침대를 주세요."

그렇게 침대를 사서 집에 돌아온 아버지는 아이에게 말했다.

"이제 너는 형들처럼 다 큰 어엿한 어른이 된 거야. 그러니 이제부터는 밤에 이불에다 오줌을 싸지 않겠지?"

"그럼요."

아이는 대답했다. 자존심이 걸린 문제였기 때문에 아이는 약속을 지켰다. 취침 전에 꼭 소변을 보고 밤에 오줌을 싸지 않도록 무척 신경을 쓰고 노력을 했다.

자존심을 만족시킬 때 움직인다

사람은 다른 것은 참아도 자존심이 상하는 것은 참지 못한다. 그래서 부부간에 싸움도 자존심을 상하게 하는 데서 많이 발생한다. 비록 싸움을 하더라도 자존심을 건드리지 말아야 한다. 자존심이 깨지면 모든 것이 끝장난다. 사람의 모든 행동이 자존심에 달려 있다.

사람들은 자기의 존귀함을 느끼려고 열심히 공부하고, 일하고 성공하려고 한다. 사람들은 자기 자존심을 높여줄 사람들을 애타게 찾는다.

자기 자존심을 높여 주는 사람을 만나면 그들은 모든 것을 바쳐서라도 함께 있기를 원한다.

칭찬 한 마디가 사람의 열정을 불러일으키는 것은 자존심을 세워주기 때문이다.

모든 사람은 '자존심의 만족'이라는 기본적인 욕망을 위해서 일하고 있다.

사람들이 돈만 따라 움직인다고 생각해서는 안 된다. 돈이 더 이상 자존심을 세워줄 수 없다고 생각하는 순간 그들은 기꺼이 돈도 포기한다. 당신이 사람들로부터 성공의 기회를 얻기 원한다면 그 사람의 기본적인 욕망을 읽어야 한다. 그리고 기본적인 욕망에 만족을 주어라. 그러면 기꺼이 성공의 기회를 제공할 것이다.

이름을 불러라

앤드류 카네기를 부를 때 사람들은 '강철왕 카네기'라고 부른다. 그런데 실제 카네기는 강철에 대해서 아는 것이 별로 많지 않았다. 대신 카네기는 자기보다 강철에 대해서 월등히 잘 아는 수백 명의 사람들을 거느리고 있었다.

강철왕 카네기의 성공은 한마디로 강철에 대한 지식보다 사람에 대한 지식으로 얻은 것이다.

카네기는 사람들이 자신의 이름을 중요시한다는 것을 어렸을 때 깨달았다.

그가 스코틀랜드에서 보낸 열 살 때의 일이다. 어미토끼 한 마리를 키우게 되었는데, 어미가 새끼를 여러 마리 낳자 어미와 새끼들 전부에게 풀을 먹이는 일이 혼자서 하기에는 힘들었다. 그래서 친구들에게 클로버 잎과 풀을 가지고 오면 친구의 이름을 토끼에게 붙여 주겠다고 했다. 이 제안은 효과를 발휘하여 그때부터 풀을 먹지 못하는 토끼는 한 마리도 없었다.

　카네기는 성인이 되어 사업을 할 때도 어릴 때 깨달은 이치를 적용하여 많은 돈을 벌었다. 카네기는 펜실베니아 철도 회사에서 강철 레일을 사다가 팔았는데 그 회사의 사장은 에드가 톰슨이었다. 카네기는 피츠버그에 거대한 강철 공장을 세우고 공장 이름을 에드가 톰슨 강철 공장이라고 이름을 지었다. 그리하여 펜실베니아 철도회사는 당연히 강철 레일의 재료인 강철을 에드가 톰슨 강철공장에서 구입하게 된 것이다.

자신의 이름에 집착한다

　카네기와 폴만이 침대열차 사업으로 경쟁을 벌이고 있을 때의 일이다. 카네기가 운영하는 센트럴 회사와 폴만이 경영하는 회사가 철도회사에 침대열차를 납품하기 위해 서로 경쟁을 하는 과정에 원가에도 못 미칠 정도의 가격으로 입찰 가격을 깎아내리고 있었다. 경쟁이 지나치다 보면 서로 손해를 보기 마련이다. 카네기와 폴만은 유니온 퍼시픽 철도회사 이사와의 면담을 위해 뉴욕으로 갔다. 어느 날 저녁 호텔에서 폴만을 만난 카네기는 인사를 했다.

"안녕하십니까? 폴만 씨. 우리는 지금 바보짓을 하고 있는 겁니다. 그렇지 않습니까?"

"무슨 말을 하시는 겁니까?"

폴만이 퉁명스럽게 물었다. 그러나 카네기는 오랫동안 품어왔던 생각을 말했다. 서로 반목하지 말고 협조할 수 있는 방법을 모색하자고 진지하게 말했다. 그 방법의 하나로 두 사람이 합작해서 침대열차만 제조하는 회사를 설립하자고 제안했다. 그러자 아직 의심을 풀지 못한 폴만은 말했다.

"새 회사의 이름은 무엇으로 할 겁니까?"

그러자 카네기는 주저없이 말했다.

"그야 물론 폴만 파레스 차량회사이지요."

그러자 폴만은 얼굴이 환하게 밝아지면서 말했다.

"제 방으로 가서 좀더 자세히 논의합시다."

이렇게 하여 두 사람 모두 원원하는 협상을 하게 되었다.

사람의 이름을 기억하고 존중해주는 처세 방법이 카네기의 뛰어난 능력이다. 그리고 그 능력으로 그는 세계 최고의 철강 왕이 되었다.

사람들은 자기 이름에 집착한다. 성공을 원하는 중요한

이유 중의 하나가 자기 이름에 명예를 더하여 주기 때문이다. 상대방의 이름을 불러주어라. 그러면 즉시 당신에게 호의를 보일 것이다. 그에게 붙은 자랑스러운 칭호가 있다면 빠뜨리지 말고 불러주어라. 그 이름과 칭호로 말미암아 높은 자존심을 얻게 된다. 그러면 그 사람은 당신의 친구가 되고, 당신에게 성공의 기회를 제공해줄 것이다.

항상 웃는 얼굴을 보여라

인류 최초로 유인有人 우주 비행을 목표로 한 러시아의 로켓 보스토크 1호, 로켓에 탑승할 승무원의 최종 선발에 남은 사람은 가가린과 치토프 두 사람이었다.

선발 위원은 치토프의 체중이 2킬로그램 가볍다는 이유로 그를 최종 선발했다. 그러나 책임자인 세르게이 코룔로프 박사는 "그럼 짐을 2킬로그램 줄여라. 최초의 승무원은 가가린이다."라고 말하였다.

그러자 옆에 있던 직원이 왜 가가린을 선발하느냐고 물었다. 세르게이 박사는 이렇게 말했다.

"가가린은 웃는 얼굴이 참 좋다. 웃는 얼굴을 하는 사람은 마음이 언제나 안정되어 있다는 것을 증명하는 것이다."

그렇게 하여 가가린은 인류 최초로 우주비행선에 탑승하는 기회를 얻게 되었다. 그가 만일 웃는 얼굴을 하지 않았더라면 우리는 그로부터 "지구는 푸르렀다."는 말을 들을 기회도 없었을 것이다. 미소의 힘은 참으로 대단하다. 하지만 미소를 지을 상황이 아니라고 핑계를 대는 사람이 있을 것이다. 그렇다면 억지로라도 웃어 보라. 혼자 있을 때 휘파람을 불어 봐라. 마음이 따라오지 않아도 행동으로 먼저 웃고 행복하다고 말해 보라. 마음의 감정도 습관이라는 것을 기억하라. 먼저 웃고 행복하다고 말하면 마음도 따라온다.

화나고 뚱한 얼굴을 하고 있는 사람에게 호감을 갖는 사람은 어디에도 없다. 얼굴에 환한 미소를 지으면서 만나는 사람은 당신으로부터 에너지를 얻고, 그들은 당연히 당신을 좋아하게 된다. 그러면 그 대가로 좋은 것을 얻을 수 있는 기회를 제공한다.

인간의 뇌는 억지웃음과 진정한 웃음을 구분하지 못한다

뉴욕의 증권 중개인으로 일하는 윌리엄 스타인하트는 결혼한지 18년이 되었지만 아침에 출근하면서 아내를 향해 한 번도 미소를 지은 일이 없는 무뚝뚝한 가장이었다. 그는 스스로 자신을 '브로드웨이로 출퇴근하는 사람 중에 가장 무뚝뚝한 사람'이라고 말했다.

그는 어느 날 한 세미나에서 미소의 힘에 대해서 들을 기회가 있었다. 그는 그 세미나에서 많은 것을 깨닫고 자신도 한 번 미소를 지어보아야겠다고 다짐했다.

'그래 일주일 동안만 실험해 보자.'

그는 다음날 아침 머리를 빗으면서 거울 속에 비친 무뚝뚝한 자신의 얼굴을 보며 미소를 지었다.

"이봐, 오늘부터 웃어 보는 거야. 그 무뚝뚝한 얼굴을 그만 집어치우고 웃는 거야. 알았지."

그는 자신을 향해서 이렇게 말하고는 식탁으로 향했다. 식탁에 앉으면서 아내에게 "여보, 잠 잘 잤소?" 하면서 미소를 지어 보였다. 그러자 아내는 당황하여 어쩔 줄을 몰라 했다. 그도 그럴 것이 결혼 생활 20년이 지나도록 한 번도 한 적이 없는 이상한 행동을 하니 놀라고 당황할 수밖에 없었다. 그는 당황해하는 아내에게 매일 아침 그렇게 하겠다고 약속을 하고 회사로 출근하였다. 그리고 그는 약속한 대로 매일 아침마다 그렇게 미소를 지으면서 인사를 했다. 그러자 처음에는 당황해하던 아내도 차츰 그것이 남편의 진심인 줄 알고 더욱 다정하게 대하면서 그의 가정은 더욱 행복해졌다.

스타인하트는 집에서만 그렇게 한 것이 아니었다. 출근할 때마다 아파트 엘리베이터 안내양과 수위에게도 미소를 보냈다. 회사에 출근해서도 한 번도 웃어본 적이 없는 사람들에게 미소를 지어 보였다.

"나는 미소를 짓기 시작하면서 내가 그들에게 미소를 지으면 그들도 다시 나를 향해 함께 미소를 지어준다는 사실을 금방 알게 되었습니다. 나는 불평이나 애로사항을 가지고 나를 찾아오는 사람에게 아주 명랑한 태도로 대합니다. 그들의 말을 미소를 지으며 들어주면 문제도 해결하기 훨씬 쉬워진다는 것을 느꼈습니다. 미소는 나에게 날마다 돈을 많이 벌 수 있는 기회를 제공합니다."

그는 그렇게 미소를 지으면서 가정의 행복은 물론 하는 일마다 잘 되어 마침내 뉴욕의 증권회사 대표가 되었다. 그것은 모두 미소로 사람을 대한 덕분이라고 그는 생각한다.

비난하지 말아라

링컨은 아무도 비난하지 않기로 유명하다. 그러나 처음부터 그런 성품을 타고난 것은 아니었다. 링컨도 젊었을 때는 남을 비난하여 그들이 당황하는 모습을 즐긴 적도 있었다. 인디애나주의 피존 크리크 밸리에서 살았던 젊은 시절의 링컨은 남을 비난하기를 좋아하고, 뿐만 아니라 사람들을 조롱하는 편지나 시를 써서 길거리에 뿌리고 다니기도 했다. 그런 링컨의 행동은 사람들로부터 미움을 받았으며, 사람들은 링컨을 멀리했다.

그 후 링컨의 그런 습성은 일리노이주의 스프링필드에서 변호사로 활동할 때까지 이어졌다. 그래서 당시 그를 반대하는 인사들에 대하여 비판하는 글을 신문에 싣기도 하였다.

1842년 가을, 링컨은 거만하고 싸우기를 좋아하는 정치인 제임스 쉴즈를 신랄하게 비판하는 인신공격의 글을 써서 〈스프링필즈 저널지〉에 기고하였다. 시민들은 링컨의 기사를 읽고 쉴즈를 비난하기 시작했다. 쉴즈는 화가 머리 끝까지 올라 링컨의 사무실로 찾아와서 결투를 청하였다. 링컨은 마음에 내키지 않았으나 공개적인 결투 신청을 피할 수 없어서 승낙하고 말았다. 링컨은 결투를 대비해서 장검을 준비하고 연습을 했다. 드디어 결투의 날, 링컨과 쉴즈는 미시시피 강변 모래사장에서 목숨을 건 결투를 시작했다. 결투가 한창 무르익었을 때 주위의 한 사람이 위험을 무릅쓰고 나서서 결투를 말렸다. 만일 그 사람이 말리지 않았으면 두 사람 중 한 사람은 치명적인 상처를 입거나 죽을 수도 있었다.

그 일이 있은 후 링컨은 커다란 교훈을 얻었다. 사람을 어떻게 다루어야 하는가에 대한 이치를 깨달은 것이다. 그는 그때부터 두 번 다시 남을 비판하거나 모욕을 주는 글을 쓰는 일을 하지 않았고, 남을 비웃지도 않았다. 공개적이든 사적이든 남을 결단코 비난하지 않았다.

적을 내 편으로 만들다

그로부터 훨씬 후 링컨이 대통령이 되고 남북전쟁이 발

발하였다. 남군의 로버티 리 장군에 맞서 북군의 어떤 장군도 연전연패를 당하였다. 그리하여 북군의 패색이 짙어갔다. 그러자 국민들은 북군의 장군들을 무능하다고 비난하였다. 그러나 링컨은 비난하지 않았다.

전쟁이 힘들게 되자 그는 국방부장관에 스탠턴을 임명하였다. 그러자 주위의 참모들이 극구 말렸다. 스탠턴은 그때까지 링컨을 맹렬히 비난하는 사람 중의 한 사람이었다. 심지어 그는 링컨을 고릴라로 비유하기까지 하였다. 더 나아가서 링컨이 대통령에 당선되자 "링컨이 대통령이 된 것은 국가적 재앙이다."라고까지 비난하던 사람이었다. 게다가 그는 공화당이었던 링컨과 반대로 민주당이었다.

관계가 이렇다 보니 주위의 참모들은 반대할 수밖에 없었다. 임명을 결사적으로 반대하는 참모들에게 링컨은 이렇게 말하였다.

"그 사람이 나를 수백 번 비난한들 그것이 무슨 상관이 있습니까? 지금 이 난국을 훌륭히 이겨낼 소신과 능력을 갖춘 사람입니다."

결국 링컨은 국방부장관에 스탠턴을 임명했고, 스탠턴은 이에 보답하듯이 전쟁을 승리로 이끌었다. 그 후 스탠턴은 링컨의 가장 가까운 친구이자 참모가 되었다. 그리고 링컨이 총탄에 쓰러지자 그의 죽음 앞에서 "여기 완전하게 인간을 다스렸던 사람이 누워 있다."라고 말하였다.

링컨은 '비판하지 말라.'는 신조를 지켰기 때문에 남북 전쟁의 승리를 가져올 수 있었다. 내부의 적을 두고는 외부의 적과의 싸움에서 이길 수 없다.

다른 사람으로부터 성공의 기회를 얻고자 한다면, '적을 없애는 가장 좋은 방법은 적을 죽이는 것이 아니라 적을 내 편으로 만드는 것이다.'라는 링컨의 명언을 잊지 말아야 한다. 당신이 비난을 멈추고 적들에게 신뢰를 보내면 그들은 당신의 친구가 되고 당신에게 성공의 기회를 제공할 것이다.

적도 내 편으로 만들어라

미국 헌법의 뼈대를 만들고 토머스 제퍼슨과 함께 미국의 독립선언문을 기초한 벤자민 프랭클린은 청년 시절 매우 패기 있고 자신만만하였다.

그는 자주 "나 정도의 우수한 두뇌를 가졌으면, 직장에서도 출세는 문제없어!" 하며 으스대었다. 그리고 신들린 사람처럼 일에 열중했다. 그런데 일을 잘한 만큼 승진은 하지 못했다.

그리고 화가 나는 것은 자기보다 일을 못하는 사람들이 앞질러 윗자리를 차지하는 것이었다.

프랭클린은 어느 날 집에 와서 고민했다.

'왜 그럴까? 일은 내가 더 잘하는데……'

고민하던 그는 어느 날 선배 한 사람을 찾아가 물었다.

"선배, 나는 누구보다도 명석하고 능력도 뛰어난데, 그렇다고 일도 게을리 하지 않고 열심히 하는데 왜 승진이 되지 않고 나보다 훨씬 부족한 동료가 승진을 합니까? 도대체 그 이유가 무엇입니까?" 그러자 그 선배는 프랭클린에게 충고를 했다.

"일이 전부가 아니야, 외톨이가 되지 않기 위해 주위 사람들의 호의를 얻도록 노력해 봐."

사실 머리가 좋은 만큼 일은 잘 했지만 프랭클린은 인간관계에서 마찰이 심했다. 선배의 충고를 고맙게 받아들인 프랭클린은 그 후부터 인간관계 개선에 노력했다.

그 결과 비약적인 성공의 길로 접어들 수 있었다. 그것은 당연한 결과였다. 기본적으로 실력이 있는 사람이 인간관계술까지 익혔으니 말이다. 30세가 될 무렵 프랭클린은 필라델피아에서 다섯 손가락 안에 드는 실업가가 되었고, 40세가 되어서는 굴지의 대실업가로 군림하였다. 어디 그뿐인가. 정치가로, 문필가로, 과학자로 그의 명성은 다방면에서 널리 퍼지게 되었다. 그는 성공을 꿈꾸는 사람들에게 이렇게 말했다. "만일 당신이 남보다 빨리 승진하려면 두 가지 조건을 극복해야 합니다. 하나는 일을 남보다 잘하는 것이고, 또 하나는 타인의 호감을 얻는 일입니다."

기회를 잡는 사람 놓치는 사람

내 편으로 만드는 좋은 방법

우리는 흔히 성공하지 못하는 사람들에게 "그 사람은 실력은 있는데 운이 안 좋아.", "그 사람이 성공할 수 있는 사회적 여건이 안돼." 이렇게 말하고 그냥 그렇게 치부해버리는 경우가 많다. 하지만 성공하지 못하는 사람들의 인간관계를 보면 정말 자신을 믿고 신뢰해주는 자기편의 사람이 있는지 의문이다. 성공한 사람을 살펴보면 진정으로 그들을 믿고 따르는 자기편이 있다.

내 편을 만드는 좋은 방법 중의 하나는 상대방을 칭찬해주는 것이다. 상대방의 실적이나 성공에 대해서 마음으로 기뻐해주고 격려해주는 것이 매우 효과적인 방법이다. 칭찬을 할 때는 가능한 한 구체적인 행위에 대해 칭찬해야 하고, 많은 사람들이 있을 때 그 사람 편을 들어주고 칭찬하면 효과는 더욱 커진다.

또한 자기편을 만들기 위해서 당신은 잘 들어주는 사람이 되어야 한다. 모든 대인관계는 대화로 시작한다고 해도 과언이 아니다. 효과적인 대화를 나누려면 무엇보다도 공감적인 경청자세가 필요하다. 당신이 상대의 이야기를 잘 들어주면 주위 사람들로부터 신뢰를 받는다. 당신의 생각을 주입시키기 위해 말을 많이 하는 것이 당신 자신에게는 마이너스의 결과를 가져오는 경우가 많다.

적을 내편으로 만들기 위해서는 적이라도 칭찬해줄 것이 있으면 칭찬해주고 대화를 나눌 때는 경청해야 한다. 그러면 그 사람은 당신 편이 되어 기회를 제공할 것이다.

기회를 잡**는 사람** 놓치**는 사람**

받고 싶은 대로 주어라

독일의 학자이자 나치에 항거하여 세계적으로 알려진 니에몰리는 젊은 시절에 이기적인 사람으로 유명했다. 그에게는 친구도, 이웃도 없었다. 오로지 자신밖에 몰랐다. 그러나 어느 순간 자신의 삶이 잘못된 것임을 깨닫고 후세 사람들에게 이렇게 말했다.

"나치가 공산주의자들을 탄압할 때 나는 공산주의자가 아니라는 이유로 나서지 않았습니다. 그리고 유대인을 탄압할 때 유대인이 아니기에 나서지 않았습니다. 그 다음에 노조를 탄압할 땐 노조원이 아니기에 나서지 않았습니다. 그런데 그 다음에 나치가 나를 탄압할 때에는 나를 위해 나서는 사람이 한 사람도 없었습니다."

니에몰리는 자신만을 위해서 산 삶이 결국 어떤 결과를 가져온다는 것을 깨달은 것이다. 어떤 이유에서 남을 위해

헌신하지 않을 때 다른 사람들도 자신이 어떤 상황에 처해도 외면한다는 것을 깨달은 것이다.

다른 사람의 작은 성공을 나의 큰 성공을 위한 기회로 삼다

"남에게 받고 싶은 대로 남에게 해주어라."는 성경의 말씀은 영원한 진리이다. 당신이 다른 사람으로부터 받고 싶은 대로 주어라. 그러면 상대도 당신에게 그렇게 대한다. 당신이 다른 사람에게 어떤 기회를 주지 않는다면 다른 사람 역시 기회를 주지 않는다. 당신이 다른 사람을 위해서 해 준 것이 없다면 그 사람으로부터 얻을 것은 아무것도 없다.

당신이 남에게 받고 싶은 것이 있다면 먼저 주어라. 만나는 사람마다 그 사람으로부터 좋은 점을 찾아야 한다. 가족이나 친구, 동료, 이웃들로부터 좋은 점을 찾아라. 결점을 찾아서 비난하고 그 사람을 이기고 당신이 이익을 얻으려고 하기보다는 도움을 주고, 베풀고, 칭찬하고 용기를 주어라. 이것이 성공을 향한 기회를 얻는 길이다.

성공한 사람들은 다른 사람의 성공을 자신의 성공을 위한 에너지와 기회로 삼았다. 다른 사람을 성공시키면 그들은 당신에게 더 큰 성공의 기회를 줄 것이다.

이기적인 사람은 성공하지 못한다. 주는 것을 배움으로써 받는 법을 배워야 한다. 주는 것은 빼앗기는 것이 아니다. 주는 것은 당신이 심은 것이다. 빼앗기는 것은 그것으로 끝나는 것이지만 심은 것은 언젠가는 거둔다는 기대가 있다. 당신에게서 받은 만큼 그 사람도 보상할 것이다. 그러므로 당신이 가진 것을 주어라, 거창한 것이 아니어도 좋다. 당신이 다른 사람으로부터 받고싶어하는 그것을 주어라.

- 다른 사람으로부터 칭찬을 받고 싶은가? 먼저 진심으로 상대방을 칭찬하라.
- 다른 사람으로부터 인정을 받고 싶은가? 먼저 그 사람이 유능한 사람임을 인정하라.
- 다른 사람이 당신의 의견을 존중해주기를 바라는가? 먼저 그 사람의 의견을 열렬히 지지해 주어라.
- 다른 사람이 당신을 무시해서 화가 나는가? 먼저 당신이 활짝 웃는 얼굴로 대해 보라.
- 성공을 원하는가? 먼저 다른 사람이 성공할 수 있는 기회를 제공해 주어라.

경청하라

　뉴욕의 한 출판업자가 출판 기념 만찬회에 카네기를 초대하였다. 그리고 카네기는 식물학자와 동석을 하게 되었다. 카네기는 식물학자와 함께 하는 것이 처음이기 때문에 그 식물학자가 하는 이야기에 흠뻑 빠져들었다. 식물학자가 여러 식물에 대해서 이야기할 때 카네기는 진심으로 경청했다. 몇 시간 동안 이야기를 했지만, 지루한 줄을 모르고 식물학자의 이야기에 집중했다.그리고 식물에 대해서 아는 것이 없는 카네기는 몇 가지만 질문했다.

　만찬회가 끝나고 헤어질 때 그 식물학자는 만찬회를 연 주인에게 카네기에 대해서 칭찬을 아끼지 않았다. 그는 카네기를 매우 훌륭한 인물이라고 칭찬하면서 이제까지 나눈 대화 중 카네기와 최고로 재미있고 유익한 대화를 나누었다고 말하였다.

그 소리를 들은 카네기는 속으로 말했다.

'가장 재미있는 대화라고?'

사실 카네기는 식물에 대해서 아는 것이 없기 때문에 진지하게 들은 것밖에 없었던 것이다. 그런데 식물학자는 가장 재미있는 대화를 했다고 칭찬을 했다.

잭 우드는 "자기 이야기를 집중해서 들어주는 것과 같이 은근한 찬사에 저항할 사람은 아무도 없다."라고 말하였다. 진지한 경청이 상대로부터 호감을 끌어들이는 최선의 방법이다.

경청하는 비결

진지하게 듣는 방법은 몇 가지가 있다.

첫째는 진지하게 들을 마음의 준비가 되어야 한다.

"자동차 서비스가 마음에 듭니까?"

"대체로요?"

"아, 그렇습니까? 안녕히 가십시오."

이런 정도로는 진정한 경청자가 될 수 없다. '대체로'라는 말에는 불만이 조금 있다는 뜻이다. 진지한 경청자가 되기 위해서는 이런 말들에 대해서 자세하게 들을 마음의 준비가 미리 되어 있어야 한다.

둘째는 진지하게 관심을 보여라.

경청하기 위해서는 상대방에게 진지한 관심을 보여야 한다. 형식적인 관심으로는 말을 끝까지 들을 수 없게 된다.

셋째, 무엇인가 배우고 있다고 생각하라.

모든 것을 전부 혼자서 익힐 수는 없다. 상대방과의 대화를 통해서 지식을 증가시킬 수 있다. 따라서 경청하는 동안 모르는 것을 배우고 있다고 생각하라. 그러면 경청이 된다.

진지한 경청은 상대의 인격을 존중하고 있는 행동이다. 당신이 진정으로 경청하는 자세를 보이면 상대방은 당신으로부터 가치를 인정받고 있다는 느낌이 들 것이다. 들어준다는 것은 곧 그 사람의 인격을 존중한다는 의미이다. 당신이 진지하게 들을 때 상대방은 당신의 지지자가 된다.

진정한 경청은 좋은 친구를 확보할 수 있는 가장 좋은 기회이다. 들으라. 그러면 상대방은 당신을 지지할 것이다.

듣기 싫은 말도
들을 때 기회가 있다

하워드 슐츠는 소매점이었던 스타벅스를 카페 사업으로 전환하여 대성공을 거둔 사람이다.

그는 '화학적인 맛은 가하지 않는다.' '커피콩을 플라스틱에 넣지 않는다.'는 두 가지 원칙을 지키고 있었으며, 이에 대한 그의 고집은 철저했다.

그런데 어느 날, 직원 중 한 사람이 얼음을 넣은 차가운 음료를 만들어야 한다는 의견을 내놓았다. 원래 카페라떼에 달콤한 시럽을 넣는 것조차도 싫어하던 그는 강경하게 반대했으나 옆에 있던 공동 경영자인 하워드 베아르가 말했다.

"고객이 원하는 것은 무엇이든지 해야 한다."

그러자 슐츠는 망설임 끝에 그 의견을 받아들였다. 이렇게 탄생한 '프라푸치노(커피와 우유, 크림, 설탕향의 시럽 등을 얼음과 함께 섞어 만든 음료)'는 그 해에만 5,200만 달러치가 팔리는 대성공을 거두었다.

듣기 싫은 말 속에도 성공을 거둘 수 있는 보석과 같은 기회가 들어 있는 것이다. 우리의 귀가 일직선으로 놓여 있는 것은 이유가 있다. 올바르지 못한 소리는 바로 통과시키라고 직선으로 만들어진 것이다.

세상에는 올바른 소리보다 올바르지 못한 소리가 훨씬 더 많다.

올바른 소리만 들어야 한다.

그러나 올바른 소리와 올바르지 않은 소리의 구분은 자신의 기분이나 의지에 따라 해서는 안 된다. 때로는 자신의 의지와 다른 소리에도 커다란 기회가 들어 있을 수 있다. 그런 소리에 귀를 기울일 줄 알아야 기회를 놓치지 않게 된다.

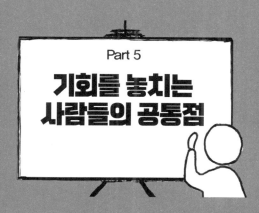

Part 5

기회를 놓치는
사람들의 공통점

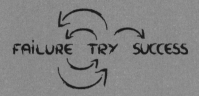

기회는 항상 우리 주위에 있으나 어리석은 사람은 그 기회를 알아보지 못한다.

-본문 중에서-

기회를 볼 줄 모른다

의심과 걱정, 익숙함에 젖어 눈앞에 기회를 놓치는 사람들이 많다. 이들은 그것이 자신의 삶을 구해줄 절호의 기회인 줄을 모른다. 어떤 마을에 홍수가 발생하여 그 마을의 중심에 있던 성당도 물에 갇히게 되었다. 그 때 마침 성당 안에서는 주임신부가 기도를 하고 있었다. 이 신부를 구조하기 위해 그 마을 면사무소에서 구명보트를 보냈다. 구명보트를 탄 구조원이 신부에게 소리쳤다.

"신부님! 지금 빠져 나오지 않으면 나올 수가 없게 됩니다. 빨리 보트를 타세요."

그러나 신부는 구조원의 간청을 외면했다.

"됐소. 하느님이 나를 구원해주실 거요."

어느 덧 물이 신부의 허리까지 차 올라왔다. 구명보트를 구하기 위해 온 헬리콥터에서 다른 구조원이 밧줄을 내리면서 소리쳤다.

"신부님! 밧줄을 잡으세요. 시간이 없습니다."

그러나 신부는 여전히 구조원의 요청을 거절하였다.

"나는 하느님이 구해줄 거니까 다른 사람이나 구하세요."

결국 신부는 차오르는 물에 빠져 익사하고 말았다. 신부는 자기처럼 믿음이 굳센 사람이 왜 죽게 되었는지 그 이유를 알기 위해 하느님을 찾아가 물었다.

"하느님은 저같이 오직 하느님만 믿는 사람을 왜 구해주지 않으셨습니까?"

그러자 하느님은 신부를 내려다보고 이렇게 말했다.

"이 어리석은 사람아! 내가 헬리콥터를 내려 보내주지 않았느냐?"

남의 말을 듣지 않아 기회를 놓치다

기회는 항상 우리 주위에 있으나 어리석은 사람은 그 기회를 알아보지 못한다. 그들은 남의 말을 믿지 않는다. 현명한 사람은 남의 말을 귀담아 듣고 배울 것은 배우고 따를 것은 따른다. 현명한 사람은 막연한 기회를 기다리지 않고 다른 사람의 의견을 존중하고 열린 마음으로 기회를 알게 된다.

비현실적이다

　교회를 개척하기를 희망하는 몇몇 목사가 그 지역에서 제일 큰 교회에서 설교를 듣고 있었다. 그 교회의 담임목사는 작은 교회를 맡아 오늘날의 대 교회로 성장시킨 목사이다.

　"사람들이 광야에 모였는데, 남자만 5천 명 정도였다. 여자들과 아이들을 합치면 적어도 수만 명은 되었을 것이다. 온종일을 광야에서 보낸 사람들이라 저녁이 되어 가니 배가 고프고 허기가 몰려왔다. 예수님은 배고픈 사람들을 먹여야겠다고 생각하고 제자들에게 나누어줄 것을 구하라고 했다. 그러나 허허벌판인 광야에서 먹을 것을 구할 수가 없었다. 그 때 제자 중에 안드레라고 하는 제자가 아이가 싸온 보리떡 다섯 개와 물고기 두 마리를 가지고 왔다. 예수님은 그 음식을 가지고 기도를 하고는 사람들에게 나누어 주었다. 그런데 신기하게 그 음식은 오천 명을 먹이고도 열

두 바구니가 도리어 남았다. 광야에서 기적이 일어났다."

이 설교를 듣고 잔뜩 기대에 부푼 목사들은 자기들에게도 이같은 기적이 일어날 것을 기대하고 여기저기 돈을 빌려 큰 교회를 세웠다. 그러나 주머니는 빈털터리가 되었고, 새 신도가 몰려올 것을 기대하였는데 몇 달이 가도 사람들이 몰려들지 않았다.

그리하여 빚은 눈덩어리처럼 불어나 마침내 교회는 파산하고 말았다. 잔뜩 화가 난 목사들은 그 날 설교를 한 목사를 찾아갔다.

"당신은 왜 거짓말을 했습니까? 우리는 당신의 설교를 듣고 큰 기대를 가지고 교회를 지었는데 지금 파산하고 말았습니다."

그러자 설교를 한 목사는 이렇게 말했다.

"당신은 5천 명에게 음식을 먹였다는 설교만 들었군요. 제가 보리떡 다섯 개와 물고기 두 마리로 먹였다는 말을 할 때는 무엇을 듣고 계셨습니까?"

허황되다.

한 여자가 많은 사람들 앞에서 자기는 명확한 목표를 설정했다고 자랑했다. 그것이 무엇이냐는 질문에 그 여자는 이렇게 말했다.

"저는요, 1년 뒤에 백만장자 부자가 될 것입니다."

그러자 옆에서 그 소리를 들은 한 사람이 그녀에게 물었다.

"지금 얼마를 가지고 있습니까?"

"지금은 빈털터리인데요."

그녀는 얼마 전 무능하다는 이유로 직장에서 쫓겨난 신세였다. 그러면서 그녀는 주위 사람들에게 이렇게 말했다.

"목표만 명확하면 어떤 목표도 이룰 수가 있지 않습니까?"

위의 두 종류의 사람들은 성공의 기회를 잡을 수가 없다. 그 생각과 목표가 모두 비현실적이기 때문이다.

현실성의 특징은 목표를 향한 구체적인 계획의 수립이 가능한 것이다. 교회 건물만 크게 지어 놓으면 사람들이 많이 몰려올 것이라는 생각과 빈털터리가 1년 안에 백만장자가 되겠다는 목표는 모두 현실적으로 이루어질 수가 없다. 이 목표들은 구체적으로 계획을 세울 수가 없다. 이들은 성취 가능성이 전혀 없는 비현실적인 목표를 만들어냄으로써 스스로 실패의 길로 들어선 것이다. 이루어질 수 없는 목표는 사람들에게 실망감만 준다. 개인의 인생에 치명타를 줌으로써 진정으로 성공할 수 있는 기회마저 보지 못하게 된다.

●당신이 현실적이 되기 위해서는 원점에서 재출발해야
  한다.

●당신의 현실의 모습은 어떤가?

●당신이 가진 것은 무엇인가?

●당신이 할 수 있는 것은 어떤 것인가?

●당신의 미래 모습은 어떤 것인가?

●그 두 모습 사이에서 차이가 얼마나 큰가?

●그 차이를 어떻게 메울 것인가?

●시간은 얼마나 걸릴 것인가?

●그 동안 내가 할 일은 무엇인가?

위의 질문은 성공을 현실화하기 위한 처방이다. 허공에
있는 성공이 아니라 든든한 기초 위에 세워진 성공이 되기
위해서는 원점에서 재검토가 반드시 필요한 것이다.

말의 위력을 믿지 않는다

어느날 하버드 대학 병원의 심장 전문의로 유명한 레빈 박사의 진료실에 심장병에 걸려 고생하고 있는 한 여인이 들어왔다. 진료 결과 심장병으로도 흔치 않은 우심방 환자였다. 사람의 심장은 좌심방과 우심방으로 나뉘어 있는데, 좌심방은 주로 피를 심장에서 내보내는 역할을 하므로 심장병 환자들은 거의가 좌심방을 앓고 있다. 그 우심방 환자를 치료하는 중에 다른 응급환자가 병원에 실려 와서 치료를 잠시 인턴에게 맡기면서 말했다.

"여기 TS 환자가 있으니 살펴보게."

인턴은 그 환자에게 진찰기를 대면서 혼자말로 중얼거렸다.

"TS, TS."

TS란 우심방 환자를 말하는 영어 약자이다. 응급환자 치료를 마친 레빈 박사는 다시 그 우심방환자를 치료하였다.

증세가 심하지 않으므로 귀가시키고 다음 환자를 진료하였다. 그런데 그 날 밤, 그 우심방 환자가 응급실에 실려 왔다. 그 여인의 심장은 극도로 약해져 있었다. 치료를 마친 레빈 박사는 그녀에게 물었다.

"어제는 별로 심하지 않았는데, 어쩌다가 이렇게 악화되어 응급실에 실려 왔습니까?"

그러자 레빈 박사를 빤히 쳐다보면서 말했다.

"박사님이 더 잘 아시잖습니까?"

"예?"

놀란 레빈 박사는 여인으로부터 자세한 상황을 들었다. 그 여인의 말은 이랬다.

"어제 선생님께서 응급환자를 치료하기 위해 자리를 비우면서 인턴에게 TS라고 하셨지요? 그리고 인턴이 놀라서 계속 TS라고 중얼거려서 TS가 무엇인지 생각해 보았습니다. 의학 용어를 모르는 저는 TS의 T는 '다 끝났다'는 뜻의 Terminal로 생각한 것이지요. 그리고 S는 상황, 즉 Situation으로 해석한 겁니다. 그래서 저는 생각한 것입니다. '다 끝난 상황이구나.'"

여인은 TS란 단어를 다 끝난 상황이라고 해석하고 큰 충격을 받아 심장이 극도로 악화되어 응급실로 실려 오게 된 것이다. 레빈 박사가 TS는 우심방 환자라는 것을 알려주었으면 여인은 그날 그토록 충격을 받지 않았을 것이다. 그 여인은 이로 인해서 다시금 심장이 움직이지 않아 생명을 잃고 말았다.

말에는 힘이 있다.

사람들은 말을 의사소통의 수단으로만 생각한다.

그러나 말에는 사람을 움직이는 힘이 있다. 더 나아가 말에는 사람을 죽이고 살리는 힘이 있다. 어떤 말을 하는가는 그 사람의 성공과 실패를 좌우한다. 그러므로 성공을 원하는 사람은 먼저 좋지 못한 언어생활을 하지 않도록 주의해야 한다. 부정적인 말, 불평하는 말, 낙심하는 말, 원망하는 말, 소극적인 말, 비하하는 말은 모두 성공의 기회를 빼앗아간다. 긍정적이고 적극적인 말로 끊임없이 당신의 인생을 격려해야 한다.

작은 행운에 도취되어 있다

수탉 두 마리가 거름 위에서 싸우고 있었다. 힘이 센 수탉이 이긴 뒤에 진 수탉을 거름 위에서 쫓아버렸다.

모든 암탉이 이긴 수탉 주위에 모여서 힘자랑을 하는 수탉을 바라보며 칭송을 하였다. 우쭐해진 수탉은 자기 힘과 명예를 자랑하고 싶어서 날개를 퍼덕이며 헛간 지붕에 올라 큰 소리로 외쳤다.

"너희들 모두 날 봐라. 나는 승리한 수탉이다. 이 세상 어디에도 나만큼 힘센 수탉은 없다."

수탉의 이 말이 끝나기가 무섭게 독수리 한 마리가 날아와 날카로운 발톱으로 수탉을 낚아채어 날아갔다.

톨스토이의 〈우화집〉 '건방진 수탉'에서 나오는 이야기다. 인간의 오만은 참으로 부질없음을 꾸짖는 내용이다.

작은 성공에 도취되면 큰 성공의 기회를 잃는다

사람들은 성공에 도취되면 이성과 통제력을 잃고 만다. 그래서 성공의 기회를 변화에서 찾으려고 하지 않고 이전의 사고방식이나 생활 패턴을 반복하려고 한다. 그리고 그런 생활에 젖어 성공의 기회를 놓치고 만다. 성공이란 자만에 빠져 득의양양한 자세를 취하다가 그만 전에 이룩한 작은 성공마저 잃고 만다. 따라서 성공의 순간이 더 큰 성공을 향한 기회가 아니라 실패를 불러오는 계기가 되고 만다. 그러므로 성공의 순간이 '위험의 순간'이 될 수도 있음을 명심해야 한다.

위험에 빠지지 않기 위해서는 성공했다고 하는 순간에 잠시 멈추어서 생각할 여유를 가져야 한다. 그리고 오만에서 벗어나기 위해서 자신을 되돌아볼 줄 알아야 한다.

자신이 능력이 있어서, 내가 선택한 전략이 좋아서 성공했다고 생각하는 것은 속도위반과 같다. 실제로 성공은 주위의 도움이나 운에 의해서 이루어지는 경우가 많다.

인생이 환불되지 않는 것처럼, 기회도 다시 오지 않는다. 따라서 기회를 얻기 위해서는 전문성을 길러야 함은 물론이고, 계속 유지할 수 있도록 노력과 수고를 아끼지 말아야 한다. 그래서 한 우물을 파는 데에 적어도 10년을 투자해야 한다는 것이다. 영국의 4인조 밴드인 비틀즈는 1964년 미국에서 히트 앨범을 발매했는데, 그 때까지 그들은 함부르크에서 일주일 내내 하루 8시간씩 연주를 했었기에 히트 앨범의 여러 가지 곡들과 새로운 연주를 할 수 있었다고 한다.

음악의 신동이라고 불리는 모차르트는 5세부터 작곡을 했으나 걸작으로 평가받는 작품들은 거의 21세가 넘어서 작곡한 것들이며, 협주곡을 만들기 시작한 것은 다시 10년이라는 세월이 지난 후였다. 진정한 성공의 기회는 일시적인 노력에 의해서 오는 것이 아니라 오랫동안 노력과 수고를 한 다음에 온다는 것이다.

성급하게 단념한다

많은 사람들이 금광을 찾아 서부로 몰리던 시대의 이야기다. 한 젊은이가 숙부와 함께 광맥을 찾겠다는 소망을 안고 서부로 떠났다. 두 사람은 처음에 삽과 곡괭이를 가지고 서부로 들어갔다. 그리고 곧 금맥을 찾아냈다. 그들은 기뻐하며 다시 고향으로 내려가 자신들이 금맥을 찾은 이야기를 하고 주위 사람들로부터 많은 자금을 빌려서 다시 금광을 찾기 시작했다. 그들이 파낸 금광석은 콜로라도주에서 가장 좋은 것이라는 인정을 받았기 때문에 멀지 않아서 큰 금맥을 발견해 주위 사람들로부터 진 빚을 다 갚고 자신들은 돈 방석 위에 앉을 것으로 기대했다. 착암기로 바위를 부숴가면서 그들은 꿈에 부풀었다.

그런데 어느 날 갑자기 금맥이 끊겨졌다. 주위를 아무리 많이 파고 들어가 봐도 금 조각이라고는 보이지 않았다. 절망하지 않고 계속 착암기로 바위를 부숴가면서 금맥을 찾았다. 그러나 금맥은 보이지 않았다. 그리하여 실망한 그들은 장비를 모두 고물상에 팔아넘기고 그곳을 떠났다.

그런데 착암기 등 채굴에 필요한 장비를 헐값에 산 고물상 주인은 혹시나 하여 광산 기사를 데리고 그 광산을 다시 조사하였다.

그 결과 숙부와 함께 그곳을 찾은 사람들이 포기한 이유를 알게 되었다. 그들은 단층에 대한 지식이 없었고, 단층에 대한 연구도 없이 무작정 땅을 파고 들어갔던 것이다. 조사를 마친 광산기사의 말이 숙부와 함께 온 사람들은 광맥이 뻗어 있는 지점을 겨우 1미터를 앞에 두고 단념하고 말았다는 것이다. 그리하여 고물상은 그 지역에서 몇백만 달러치의 금광석을 파내어 부자가 되었다. 성급한 단념이 부른 비참한 결과였다. 성급한 단념으로 수백만 달러치의 금광석을 캐낼 수 있는 기회를 놓친 것이다.

중단은 언제나 너무 빠르다

무슨 일을 시도하거나 할 때 중단할 때는 그 때가 가장 중단하기에 적합한 때라고 생각하고 중단한다. 더 이상 끌어봤자 손해만 본다고 생각한다. 그러나 중단은 언제나 너무 빠르다. 좀더 버티는 끈기와 인내가 필요하다. 어떤 일이나 고비가 있기 마련이다. 이 고비를 어떻게 넘기느냐에 성패가 갈린다. 또 중단할 때 주위에서는 "더 이상 소용이 없다."고 No를 말한다. 그럴 때일수록 성공한 사람들은 마음속으로 희망, 자신감, 성공과 같은 말을 한다. 주위에서 No를 말할 때, No를 뒤집어서 On 즉 '전진'을 외쳐라. 당신이 성공하기 위해서는 끈질기게 전진을 추진해야 한다.

중단은 더 이상의 기회를 포기하는 것이다. 중단에는 기회의 뜻이 들어 있지 않다. 계속 전진할 때 기회의 문이 열리게 된다.

중요한 것과 긴급한 것을
구별하지 못한다

　기회를 놓치는 사람들의 또 하나의 공통점은 중요한 것과 긴급한 것을 구별하지 못한다는 점이다. 기회는 중요한 것에는 들어 있지만. 긴급한 것에는 없는 경우가 많다. 그런데 긴급한 일에 매달리다가 중요한 기회를 놓치고 만다.

　〈성공의 공통분모〉를 집필한 그레이 박사는 그 글에서 성공한 사람들의 공통분모가 무엇인지를 밝혔다. 조사하고 연구한 결과에 의하면, 성공한 사람들은 열심히 일하고 인간관계도 좋지만 무엇보다도 소중한 것을 먼저 하는 삶의 자세를 가지고 있었다.

　그는 그 글에서 이렇게 말했다.

　"성공한 사람들은 실패자들이 하기 싫어하는 일도 기꺼이 한다. 하지만 꼭 그 일들을 먼저 우선적으로 하지는 않는다. 그 대신 하기 싫은 일이라 하더라도 중요한 일은 한다. 그리하여 그 중요한 일 속에서 기회를 만난다. 반면에 기회를 놓치는 사람은 중요하지 않은 일에 많은 시간을 할애하여 낭비하고 기회조차 발견하지 못한다."

목표를 정하고 성공을 이루기 위해서는 시간을 통제해야 한다. 시간이란 끝도 없이 쏟아지는 폭포수 같은 것이 아니다. 시간은 정해져 있다. 정해진 시간 안에 모든 것을 다할 수는 없다.

기회를 놓친 사람들은 매일매일 끝이 없이 계속되는 긴급한 일로 중요한 시간을 다 놓쳐 버린다. 성공한 사람들은 한정된 시간에 무엇을 해야 목표를 하루라도 빨리 이루는 데 도움이 되는가를 끊임없이 생각한다.

철학자 표르트 우스펜스키가 학생들에게 마땅히 해야 할 일을 할 때 성공의 기회가 열린다고 강의를 하였다. 그러자 한 학생이 손을 들고 표르트 우스펜스키에게 물었다.

"교수님, 내가 마땅히 해야 할 일인지 어떻게 알 수 있습니까?"

그러자 우스펜스키는 이렇게 대답했다.

"자네의 목표를 말해주면 자네가 해야 할 일이 무엇인지 알려 주겠네."

중요한 일을 하지 않고 다른 일을 하다가 기회를 놓친다

당신이 목표를 분명하게 설정했다면 행동을 결정하는 것은 간단하다. 목표를 이루는 데에 도움이 되는 중요도에 따라서 우선 순위를 정하면 된다. 당신의 목표에 단기적으로, 또는 장기적으로 중대한 영향을 미치는 일이면 중요한 일이다. 그러나 지금 당장 급하기는 하지만 목표에 별 영향을 끼치지 못하는 일은 중요하지 않다.

기회를 놓치는 사람들은 계획되지 않은 전화 통화, 우연히 친구를 만나 식사를 하는 일, 매일 읽는 아침 신문, TV 시청, 인터넷 쇼핑 등 이런 중요하지 않은 일에 시간을 많이 낭비한다. 중요한 일이 꼭 긴급한 일은 아니다. 그런데 기회를 놓치는 사람들은 중요도를 인식하지 못하기 때문에 뒤로 미루고 만다. 그리고 그 자리를 긴급한 것들로 허겁지겁 채우고 만다.

기회를 잃은 사람들은 바쁘다고 말한다. 바쁘다는 것이 곧 성공을 위해 열심히 뛰고 있다는 것은 아니다. 목표를 향하는 데에 직접적인 관계가 없는 일로 바쁘게 다니다가 보면 오히려 에너지를 소비하고 만다. 이런 사람은 아무리 노력해도 성공의 기회를 잡지 못한다.

꾸물거리고 망설인다

옛날 어느 도시에 학문에 열중하고 덕이 높아 주위로부터 칭송을 받고 있는 교수가 있었다. 그런데 그 교수는 총각이었다. 어느 날 아름다운 여자가 그를 찾아와서 청혼을 하였다.

"저와 결혼하여 주십시오. 저를 놓치면 저만큼 괜찮은 여자를 만나기가 어려울 것입니다. 저는 모든 면에서 누구에게도 지지 않습니다."

그러자 워낙 생각이 많은 그 노총각 교수는 머뭇거렸다.

"미안하지만 저에게 생각할 시간을 주십시오."

그는 오랫동안 결정을 하지 못하다가 어느 정도 시간이 지난 다음에 그 묘령의 아가씨 집으로 찾아갔다. 그리고 그 아가씨의 아버지에게 말했다.

"이제 저는 따님과 결혼을 하고자 하오니 승낙해 주십시오."

그러자 아버지는 황당한 표정으로 말했다.

"그 동안 무엇하고 있었는가? 내 딸이 시집간 지가 벌써 10년 전이네."

기회는 기차와 마찬가지다. 이미 떠난 기차는 돌아오지 않는다.

"성공을 놓치는 가장 확실한 방법은 기회를 놓치는 것이다."

작가인 필라렛 찰스가 한 말이다. 기회는 빨리 지나가버리는 속성이 있다. 따라서 떠나기 전에 뛰어가서 맞아들여야 한다. 그런데 기회를 놓치는 사람들은 기회가 항상 자신을 기다리고 있을 것으로 착각하고 꾸물거리고 망설인다.

Part 6

기회를 잡는
사람들의 특성

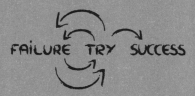

기회는 운명이 아니라 선택의 문제이다.

-본문 중에서-

기회를 잡는 자신만의 전략이 있다

빌 게이츠는 대학생 시절 '앨테어 8080'이라는 당시 최신 컴퓨터가 나온다는 것을 알고 그것을 운용할 오퍼레이팅 시스템, OS를 만들기로 결심했다. 그는 아직 OS를 만들지 않은 상태였지만, 다른 사람에게 선수를 빼앗기지 않기 위해 판매처에 전화를 걸어 "이미 완성되었습니다. 그곳에 팔고 싶습니다."라고 말하였다.

그날부터 빌 게이츠는 그 기회를 잃지 않기 위해 휴식도 없이, 밤낮으로 매달려 8주 만에 OS를 완성하였다. 그리고는 테스트 없이 바로 실전에 임했다. 참으로 전광석화 같았다. 그러자 화면에 'ready(준비완료)'라는 표시가 나타났다. 그 후에 그는 열아홉살 나이에 마이크로소프트사를 설립하였다. 기회를 만들기 위해서 망설임은 필요 없다. 먼저 도전하고 시작해야 한다.

기회를 놓치지 않고 붙잡아 성공한 사람들은 기회를 놓치지 않기 위해 자신만의 전략을 세워서 그것으로 불철주야 전력투구하여 성공을 이루었다. 그들만이 가지고 있는 전략을 요약하면 다음과 같다.

기회를 잡는 구체적 전략

- 계획이 실패하면, 결과적으로 모든 것이 실패하기 마련이다. 따라서 계획을 철저히 세우고, 실현 가능한 계획을 세워야 한다.
- 실패로부터 배우기를 망설이지 않는다.
- 실패를 했음에도 최선을 다하면 성공으로 바꿀 수 있다.구체적인 목표를 설정한 다음 그 목표에 대한 절박감을 만들어야 한다.
- 스스로 변화하기를 주저하지 말고 하고 싶은 일보다 중요한 일부터 먼저 해야 한다.
- 일을 할 때 게임을 하듯이 즐겁게 하고, 그 일에서 의미를 찾아야 한다.
- 편안함보다는 고난을, 물질보다는 정신을, 과거보다는 미래를, 상대적 가치보다는 절대적 가치를 택하는

기회를 **잡**는 사람 **놓치**는 사람

용기가 있어야 한다.

- 무슨 일을 했을 때 뜻한 바를 이루었으면, 스스로에게 상을 부여하여 일을 빨리 완수하고자 하는 동기부여를 한다.
- 계획이 실패하면, 결과적으로 모든 것이 실패하기 마련이다. 따라서 계획을 철저히 세우고, 실현 가능한 계획을 세워야 한다.
- 실패로부터 배우기를 망설이지 않는다.
- 실패를 했음에도 최선을 다하면 성공으로 바꿀 수 있다.

있는 것을 생각하라
그 곳에 기회가 있다

50대 초반의 남자가 노먼 빈센트 필 박사를 찾아왔다.

"저는 이제 모든 것이 끝나버렸습니다."

사업의 실패로 평생을 두고 쌓아올린 전 재산이 모두 날아가 버리자 절망감을 견디지 못해 노먼 빈센트 필 박사를 찾아와서 푸념을 늘어놓았다.

"모든 것이라고 하셨습니까?"

"그렇습니다. 모든 것이 사라져 버렸습니다."

그 남자는 모든 것을 강조하면서 말했다.

"이제 나에게 남은 것은 아무것도 없습니다. 모두 물거품처럼 사라지고 말았습니다. 게다가 나이를 너무 먹어서 불가능합니다. 희망이 없습니다."

"정말 그렇게 생각하십니까?"

"예, 저에게는 희망이 없습니다."

그러자 노먼 필 박사는 A4용지를 꺼내서 그 남자에게 내밀며 말했다.

　"그렇다면 여기에 선생님께 남아 있는 것을 적어 보십시오."

　"저에게는 남아 있는 것이 없습니다."

　"그럼 부인도 없습니까?"

　"아니오, 있습니다. 참 착한 여자입니다. 저를 만난 지가 30년이 지났는데도 한 번도 저를 떠난 적이 없습니다."

　"좋습니다. 그것을 종이에 적으십시오. 자녀는 몇이나 됩니까?"

　"셋입니다. 아이들이 무척 착합니다."

　"그것도 적으십시오. 친구도 없습니까?"

　"아니오. 참 좋은 친구들입니다. 친구들이 나를 돕겠다고 하지만 소용이 없습니다. 그들이 나에게 무슨 도움이 되겠습니까?"

　"그래요, 그것도 적으십시오."

　"건강은 어떻습니까?"

　"건강합니다. 아직 병원에 가본 적이 없습니다."

　"조국에 대해서는 어떻게 생각하십니까?"

　"내가 살고 싶은 나라는 우리나라밖에 없습니다."

"좋습니다. 이제 당신이 가지고 있는 것을 크게 소리 내어 읽어보십시오."

그 남자는 종이에 적혀 있는 내용들을 소리 내어 크게 읽었다. 그러자 노먼 필 박사는 그 남자에게 말했다.

"선생님께서 여기 들어올 때는 아무것도 없다고 하셨는데, 지금 읽은 것은 무엇입니까?"

그러자 그 남자는 부끄러운 얼굴에 미소를 보이면서 말했다. "미처 몰랐습니다. 이것을 가지고 새롭게 출발하겠습니다. 제가 생각하고 있는 것만큼 제 사정이 그렇게 나쁜 것은 아니라는 것을 깨달았습니다."

사실보다 태도가 더 중요하다.

정신분석학계의 권위자인 칼 메닝거 박사는 "사실보다 태도가 더 중요하다."고 말했다. 없는 것이 문제가 아니라 정말 문제는 가진 것이 없다고 핑계를 대고 노력을 하지 않는 것이다. 지금 당신에게 있는 것을 적어보라. 의외로 많을 것이다. 그것을 생각하고 거기에서 희망과 기회를 찾아라. 기회는 당신이 갖지 못한 것에 있지 않다.

'언젠가'는 영영 오지 않는다

　당신에게 잃어버린 꿈이 있는가? 기회는 꿈을 실현하고자 할 때 생긴다. 현재 당신의 삶은 과거에 꿈꾸어온 것과 얼마나 일치되는가?

　당신이 현재 아무리 부족함이 없을 정도로 살고 있다고 하더라도 바라는 것을 하나도 이루지 못했다면 상처는 남기 마련이다.

　그러나 단 하나의 꿈이라도 살아 있다면 당신의 삶은 활력을 잃지 않으며, 기회가 무궁무진하게 생긴다.

　그런데 대체 그 하나의 꿈이 무엇인지 모른다면 어떻게 해야 할까? 만일 당신이 그렇다면 다음의 세 가지 질문에 답변해 보라. 당신이 정말로 무엇을 바라고 있는지 아는 데에 도움이 될 것이다. 단, 솔직하게 답변하는 것이 좋다. 남을 의식하거나 도덕적 가치를 생각할 필요가 없다.

> 첫째, 당신은 의사로부터 앞으로 한 달밖에 살지 못한다는 말을 듣고 시한부 인생을 살고 있다고 가정했을 때 그 한 달 안에 하고 싶은 일 두 가지를 꼽는다면 무엇인가?
>
> 둘째, 앞으로 3년 동안 당신이 이루고 싶은 일 한 가지를 꼽는다면 무엇인가?
>
> 셋째, 5년 전 당신의 모습을 돌아보라. 지금과 비교했을 때 발전된 상황에 만족하는가? 아니면 더 나은 가능성의 기회를 놓쳤다고 생각하는가?

  뉴욕에 살고 있는 한 여성이 필자를 찾아와서 상담을 요청했다. 그녀는 중학교 때부터 영화와 관계되는 일에 종사하는 것이 꿈이었다. 그런데 아버지가 일찍 돌아가시자 고등학교를 졸업하고 가정의 생계를 위해 어렸을 때부터 꿈꿔 오던 영화와 관계되는 일 대신 현재는 공무원으로 일하고 있으나 그 꿈을 버리지 못하고 있다고 하면서 어떻게 해야 그 꿈을 이룰 수 있느냐고 필자에게 문의하였다. 필자는 그녀에게 그 꿈을 버리지 말되 생계를 위해서 지금 하고 있는 일도 열심히 하면서 영화제에 자원봉사를 하거나 영화와 관계되는 일에 아르바이트로 일하면서 경험을 쌓도록 하라고 조언을 하였다. 필자가 생각하기로는 그 길이 최선의 방법이라고 생각했기 때문이다.

기회는 운명이 아니라 선택의 문제이다

우리는 살면서 마음속의 꿈이 무엇인지 알면서 계속해서 '언젠가'로 미뤄놓는 경우가 적지 않다. 은퇴하면 여행을 떠나겠다거나, 직장일이 조용해지면 시간을 내어 아이들과 놀아주겠다는 식이다. 경제 사정이 좋아지면 창업하겠다는 사람도 있다. 하지만 그 '언젠가'는 영영 오지 않을 수도 있다. 성공한 사람들은 그 이상적인 상황이 찾아올 때까지 기다리지 않았다. 모든 것이 완벽할 때란 없다는 것을 알기 때문이다.

"기회는 운명이 아니라 선택의 문제이다. 운명은 기다리는 것이 아니라 쟁취하는 것이다." 정치가 윌리엄 제임스 브라이언의 말이다.

꿈을 버리지 말고 실현하라. 잠자고 있던 당신의 꿈을 깨워 실현 계획을 세우는 것이 오늘의 과제이다. 기회나 때를 마냥 기다리지 말라. 지금 당장 운명을 설계하라. 꿈을 실현하기 위해 어떤 단계를 밟아갈 계획인가? 장애물을 만나더라도 맞서 극복할 수 있다는 믿음을 가져라. 후회가 꿈을 밀어내지 않는 한 사람은 늙지 않는다고 한다. 그러므로 과감히 꿈을 꾸어라. 그리고 그 꿈을 실현하기 위해서 나아가라. 그러면 그곳에 기회의 문이 활짝 열려 있다.

미래를 설계하라

인생에서 성공의 기회를 맞이하기 위해서는 그저 편안히 무위도식하며 온갖 좋은 것들이 자신에게 비처럼 쏟아질 날만을 기다리고 있어서는 안 된다. 우선 신중하게 미래를 설계해야 한다.

미래에 대한 계획을 세움으로써 예측 가능한 어려움을 미리 막고, 현재의 삶에 대한 개선점들을 알고 미래의 삶에 대한 비전을 만들 수 있다. 그런 과정에 기회가 나타난다.

모든 일들이 의도한 대로 언제나 착착 맞아 떨어지지 않는다는 것은 누구나 알고 있다. 하지만 많은 사람들이 그것을 일상에서는 고려하지 않는 것과는 반대로 대부분의 성공한 사람들은 그것을 항상 의식하고 있다. 그리하여 그들은 지나치게 포부가 큰 계획은 세우지 않으며, 구상하고 실행하고 있는 과정에서 발생할 수 있는 어려움을 진지하게 타진한다. 그리고 해결 가능성이 있는가 알아본다.

아무리 능력이 뛰어나다고 하더라도 인생을 언제나 빈틈 없이 통제할 수는 없다. 항상 예측할 수 없는 일이 일어나기 때문에 완벽한 계획은 세울 수가 없는 것이다. 따라서 계획을 수립할 때는 어느 특정한 한 가지만 고집하지 말고 최소한의 대안으로 사용할 수 있는 코스를 마련해 두면 융통성이 생기기 마련이다. 이런 과정을 거치게 되면 예기치 않은 일로 국면 전환이 요구되더라도 당황하거나 두려워하지 않고 대처할 수 있는 부차적인 효과도 생긴다.

1940년 초 두 20대 청년이 8,848미터의 에베레스트 정상에 도전했지만 중도에 하차하고 말았다. 피곤과 허기에 지쳐 힘겹게 내려오면서 한 청년이 에베레스트 산을 향해 소리쳤다.

"에베레스트야, 기다려라. 반드시 다시 찾아올 것이다."

그 뒤 청년은 에베레스트 정복을 목표로 세우고 체력을 강화하고 장비를 보강하여 에베레스트 산과 비슷한 산에 수없이 올라가면서 등반 실패의 원인을 찾고, 그 보완책을 마련했다. 그리하여 10년이 지난 뒤에 그는 다시 에베레스트 산 정상에 도전하였고, 1953년 마침내 성공하였다. 그가 바로 에베레스트산을 최초로 정복한 에드먼드 힐러리이다.

목표를 달성하기 위해 10년 동안 철저히 계획하고 준비하여 목표한 바를 이루었던 것이다.

너무 늦게 오는 사람은 인생이 처벌한다

"너무 늦게 오는 사람들은 인생이 처벌한다." 이 말은 미하일 고르바초프가 동독의 건국 40주년 기념행사에서 동독의 개혁을 촉구하며 한 말로 무엇이든지 기회를 놓치면 다시 그런 기회가 오지 않는다는 뜻이다, 동독은 고르바초프의 말을 듣지 않다가 서독에 합병되고 역사에 한 페이지를 남기고 지구상에서 없어지고 말았다. 똑같은 기회는 두 번 다시 오지 않는다는 것을 입증한 것이다.

계획을 세울 때 대안책을 마련해 놓으면 성공할 수 있는 기회가 많아져서 다시금 긍정적인 기대를 하게 되고 자신감도 더욱 커진다. 계획을 탄탄하게 세워두면 예기치 않은 일이 일어나도 어느 정도 대비할 수 있다는 생각이 들기 마련이다. 그런 반면 사전에 준비를 소홀히 하면 주도권이 자기 자신에게 없는 느낌이 들고 무슨 일이 생기더라도 속수무책이라는 생각에 불안감을 느끼게 된다.

통찰력을 키운다

통찰력이란 과거와 현재에 일어난 일들을 분석하여 일관성 있는 원리를 찾아내는 것을 말한다.

심리학자들에 의하면 통찰력은 '현재와 과거의 인식을 토대로 얻은 결정'이라고 한다. 즉 현재 상황에서 과거와 유사한 무언가를 보는 것이라는 이야기이다.

사람의 통찰력은 무의식에 기초를 하고 있다. 이미 우리가 알고는 있지만, 인식하지 못한 채 우리 내부에 잠재되어 있다가 어느 계기로 갑자기 의식으로 부상하는 것을 말한다. 좀더 쉽게 설명하면, 오랜 기간 동안 생각과 연구를 반복해서 정보와 지식이 우리 두뇌 속에 쌓이게 되면 어떤 문제나 현상을 접할 때 그 문제의 해결책이나 방법이 바로 떠오르게 되는데, 그것이 바로 통찰력이라는 것이다. 한마디로 통찰력은 기회를 볼 줄 아는 안목이다.

통찰력이 어느 한순간에 떠오르는 것은 평상시 무의식의 저장 창고에 많은 생각과 정보를 간직해 두었기 때문이다.

통찰력이 있는 사람들은 기회를 놓치지 않는다. 통찰력으로 기회가 왔을 때 기회임을 알기 때문이다.

기회를 놓치지 않는 사람들이 다른 사람에 비해 기회가 많다거나 그들에게 좋은 기회가 그냥 생기는 것은 아니다. 단지 기회를 볼 줄 아는 눈과 기회가 왔을 때 기회를 포착할 수 있는 탁월한 능력이 있기 때문이다. 비록 우연으로 기회가 왔더라도 기회를 놓치지 않는다.

반면에 기회를 놓치는 사람들은 기회가 왔어도 그것을 잡지 못한다. 그것이 기회인 줄 모르기 때문이다. 통찰력이 없기 때문에 기회를 볼 줄 모르고 외면해 버린다.

이솝 우화에 나오는 '기회'의 신은 왼손에는 저울을 들고 있고, 오른손에는 칼을 들고 있다. 저울은 기회가 왔을 때 그 기회가 옳은 기회인지 아닌지를 판단하고, 오른손에 쥐어진 칼은 옳은 기회라고 판단되었을 때는 주저없이 결단을 촉구하라는 의미이다.

인텔의 전 회장 앤디 그로브는 통찰력으로 회사를 살린 대표적인 인물이다. 1980년대 중반에 인텔은 최대 위기를 맞이하였다. 일본의 메모리 생산 능력이 막강해지면서 전 세계 메모리시장에서 일본의 추월이 예상되었다. 이런 예상을 할 수 있었던 것은 그로브의 통찰력 덕분이었다. 그래서 그로브는 과감하게 메모리 생산을 멈추고 마이크로프로세서 부분으로 사업의 방향을 바꾸었다.

이것은 말처럼 쉬운 일은 아니었다. 당시에는 메모리 분야에서 인텔이 우위를 점하고 있었기 때문에 그런 시장에서 우위를 포기하는 것은 쉬운 일이 아니었다. 게다가 직원을 7200명이나 떠나보내고 공장을 두 개나 폐쇄해 버리는 것이 쉬운 일은 아니었다. 이 같은 결정을 할 수 있었던 것은 모두 앞을 내다보는 통찰력이 있었기 때문이다. 그 결과 인텔은 1992년부터 마이크로프로세서 분야에서 최강자로 뛰어오르며 제2의 전성기를 맞이하게 되었다.

문제의 본질을 파악하라

통찰력을 키우려면 문제나 사안을 단순화시켜서 그 문제의 본질을 파악하는 능력을 키워야 한다. 어떤 문제나 사안도 복잡한 것처럼 보이지만 실제 뜯어놓고 보면 생각한 것처럼 복잡하지도 않고 골격은 비슷하다. 그러므로 어떤 문제를 대할 때마다 그것을 단순화해서 핵심을 파악하는 훈련을 하다 보면 통찰력이 저절로 성장되는 것이다.

미국의 최고 경영자로 꼽히는 GE의 잭 웰치는 아무리 복잡하고 어려운 문제라도 비즈니스의 핵심을 파악하여 그 문제를 해결했다고 한다.

통찰력을 키우는 데 있어서 무엇보다도 중요한 것은 집중력이다. 집중력을 잃으면 통찰력도 잃고 만다. 따라서 아무리 어려운 난관을 만나도 집중력을 잃지 않도록 해야 한다. 집중력을 잃지 않으면 본질이 보이고 해결책이 떠오르게 된다. 그러므로 집중력을 발휘할 수 있는 젊은 때에 통찰력을 키우는 것이 좋다.

여우 같은 사람 고슴도치 같은 사람

사람들은 누구나 성공의 기회를 만나 최고의 삶을 누리기를 염원한다. 그래서 성공을 위한 여러 가지 방법을 찾고 최선의 길을 모색한다. 또 성공하기 위해 자기계발에 열을 올린다.

진정한 자기계발이란 무엇일까? 그 진정한 의미가 무엇인지 세계적인 석학들의 글을 통해서 알아보자.

세계적인 경영학자 짐 클린스는 그의 저서 〈좋은 기업에서 위대한 기업으로〉에서 자기계발에 대한 기본 이념을 제시하고 있다. 고슴도치와 여우의 이야기를 통해서 진정한 자기계발의 의미를 설명한다. 그가 제시한 고슴도치와 여우의 이야기를 들어보자.

사람들은 교활하고 약삭빠른 동물을 말할 때 여우를 든다. 여우는 매우 약은 동물이라 호랑이나 무서운 동물이 오면 재빨리 몸을 피한다. 그리고 약아서 다른 동물들의 움직임을 민첩하게 따라한다.

여우 같은 사람은 매우 교활하여 다른 사람들의 성공방법과 전략을 약삭빠르게 따라한다. 또 이것도 해봤다가 안 되면 저것도 해본다. 그래도 안 되면 또다시 다른 것을 해본다. 반면에 고슴도치는 우둔하다. 그리하여 다른 동물의 행동에는 관심이 없다. 오로지 가시를 세우고 몸을 움츠리는 것에만 관심이 있다.

다른 사람의 일에는 관심이 없는 고슴도치

고슴도치 같은 사람은 다른 사람의 성공비결에는 관심이 없다. 오직 자신만이 잘할 수 있는 것에만 관심이 있다. 고슴도치 같은 사람은 타인의 경쟁력에 관심이 없다. 자신만이 가진 것을 개발하고 그것만 붙잡고 사용하여 성공하려고 한다.

고슴도치와 같은 사람은 자신이 가장 잘할 수 있는 것, 자신이 현재 가진 것에 오로지 전력을 집중한다. 자신이 가진 소질이나 소양, 남들보다 잘할 수 있는 뭔가를 발견하여 그것에 집중하여 온 에너지를 쏟는다. 그리하여 그곳에서 기회를 찾는다.

짐 클린스는 "경쟁에서 승리하는 쪽은 자신이 무엇에서 최고가 될 수 있는지를 본능적으로 안다."고 말한다. 또한 "아무리 좋은 성공의 전략이 있을지라도 승리하는 사람은 자신이 무엇에서 최고가 될 수 있을지 아는 사람"이라고 말한다.

기회를 **잡**는 사람 **놓치**는 사람

결단력이 있다

어떤 목적을 위해서 행동할 때, 좋은 성과를 내기 위해서는 기회가 왔을 때 과감하게 결단할 줄 아는 용기가 필요하다. 그러나 결단하기 전에 냉정한 사고와 옳은 판단을 하지 않으면 반드시 실패한다. 그런데 충분히 생각한 다음에도 실행에 옮기지 않는 사람들이 많다. 행동으로 옮기려고 준비하는 사이에 기회를 잃는 사람도 있고, 고민 없이 무모하게 덤벼드는 사람들도 있다. 이들 모두가 좋은 성과를 올릴 수 없음은 당연하다.

기회가 왔을 때 스스로 행동하는 것이 두려워 다른 누군가가 결정해 주기를 기다린 경험을 한 적이 있을 것이다. 그렇다면 그는 판단력이 없는 사람이다. 자신의 생각과 의지에 따라 행동하지 않으면 그 결과에 대해서 무책임해지기 마련이다. 항상 누군가에게 책임을 전가함으로써 자신을 지키려고 한다. 이런 사람들에게는 중요한 일을 결정할 수 있는 기회가 오지 않는다. 기회를 잡는 사람들은 결단력이 있다. 어떤 문제를 만나거나 상황을 직면했을 때 주저 없이 결단을 내린다. 이때가 기회라고 생각하면 주저 없이 행동을 한다. 지금이 시작해야 할 때라고 판단되면 즉시 움직인다. 그러나 그들은 결단하기 전에 심사숙고한다. 그리고 판단을 내린다. 그리고 그 판단에 따라 결단을 내린다. 그 결과에 대해서 후회하지 않는다.

결단력은 기회를 만드는 분수령이 된다

폴란드의 작가 시엔키에비츠가 쓴 〈쿠오 바디스〉에서 예수의 수제자 베드로는 로마의 네로 황제의 박해를 피해 다른 그리스도인들과 함께 피난을 가던 중이었다.

어느 날 눈부신 태양 속에서 나타난 예수 그리스도 앞에 무릎을 꿇고 물었다.

"주여 어디로 가시나이까?"

그러자 그리스도의 온화한 목소리가 들렸다.

"네가 나의 백성을 떠나므로 나는 다시 십자가에 못 박혀 죽으려고 로마로 간다." 그 말을 듣고 베드로는 로마에서

학살당하는 그리스도인을 생각하며 다시 로마로 돌아가 순교의 길을 택한다.

그리하여 그의 순교를 계기로 그리스도교는 널리 유럽에 퍼지게 되었다. 죽음을 결단함으로써 영원히 사는 길을 택한 것이다.

결단은 이렇게 예기치도 않은 기회를 초래할 수 있다. 결단은 때로는 결정적인 순간에 마주치는 운명과 같은 중요한 분수령이 될 수도 있다. 이때 결단을 하지 않으면 기회는 영영 돌아오지 않는다.

목표를 시각화한다

월드 디즈니는 디즈니랜드를 세운 후 더 많은 어린이들에게 꿈과 용기를 주기 위해 더 큰 디즈니월드를 세우기 시작하였다.

그러나 이미 노년이 된 디즈니는 디즈니월드의 완성을 보지 못하고 세상을 떠나고 말았다. 디즈니월드가 역사적인 문을 여는 날 한 인사가 단상에 올라가 이렇게 말했다.

"디즈니가 살아 있었다면 얼마나 좋았을까요? 이 놀라운 공원의 모습을 볼 수 있었을 텐데 말입니다."

그 연사가 내려오자마자 디즈니의 부인이 단상에 올라가서 이렇게 말했다.

"제 남편은 이미 디즈니월드를 보았습니다. 이 공원은 제 남편이 이미 본 것을 만든 것일 뿐입니다."

모든 성공은 마음에서 그리는 데서부터 시작된다. 사람

기회를 **잡**는 사람 **놓**치는 사람

은 마음에 가득찬 것을 밖으로 드러내기 때문이다.

어떤 목표가 달성되기를 원한다면 그 목표를 바라볼 수 있어야 한다. 시각화가 불가능한 목표는 달성되기 힘들다. 목표를 시각화함으로써 마음에 있는 목표를 현실화시킬 수 있다. 당신이 목표를 바라보는 시간이 많을수록 목표가 이루어질 가능성이 커진다.

사람은 누구나 어떤 생각을 하면서 하루를 지낸다. 누군가를 또는 무엇인가를 생각하면서 지나간 사건을 회상하거나 앞으로 일어날 일을 상상해보기도 한다. 그러나 대부분의 사람들은 마음속에 있는 상상들을 그대로 방치해버리고 만다. 시각화가 뚜렷하게 목표에 집중되면 마치 초점이 맞추어진 돋보기처럼 강력한 힘을 발휘하게 된다. 그러나 떠돌아다니는 상상들은 산만해져서 제대로 능력을 발휘하지 못한다.

어느 분야에서든 성공한 사람들은 성공을 이루기까지 끊임없이 자기의 성공한 모습을 시각화한 사람들이다. 성공한 사람들은 그들이 인식하고 있든 아니든 간에, 의식적으로 또는 무의식적으로 계속적으로 성공을 시각화한 사람들이다.

시각화의 방법

성공한 사람들은 시각화하는 방법으로 주로 다음 네 가지를 사용한다.

첫째, 될 수 있는 한 자주 시각화한다. 목표를 이루기 위해 최선을 다하는 모습이나 최고의 결과가 얻어지는 모습을 명확하게 자주 시각화한다. 자주 할수록 잠재의식은 목표를 강하게 받아들이고 더욱 쉽게 현실화된다.

둘째, 될 수 있는 한 오랫동안 시각화한다. 마음속에 성취한 그림이 더 오래갈수록 잠재의식에 더 깊이 새겨지고 더욱 빠르게 현실에 이루어진다.

셋째, 될 수 있는 한 선명하게 시각화한다. 목표를 더욱 선명하게 할수록 그 목표는 더욱 빨리 이루어진다. 시각화가 희미한 목표도 더 많은 시각화를 함으로써 더욱 선명해진다.

넷째, 될 수 있는 한 강렬하게 시각화한다. 시각화할 때 흥분을 느낀다면 그 목표는 반드시 이루어진다.

Part 7

인생에서 기회를
만들어주는 7가지

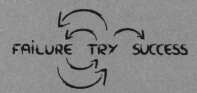

내 안의 미지의 가치를 발견하는 순간 기회가 온다

-본문 중에서-

내 안에 있는 미지의 가치를
발견하는 순간 기회가 온다
▮ 발견 ▮

기회를 만들기 위해서는 먼저 당신 안에 있는 미지의 가치를 세상 밖으로 불러내야 한다. 당신 안에 잠재되어 있으나 아직까지 발견하지 못한, 귀중한 가치를 발견하여 활용해야 한다. 기회를 만들기 위해서 당신 안에서 발견해야 할 첫 번째는 모험 정신이다.

성공한 사람들은 거의가 기꺼이 모험을 하거나 어떤 목표나 계획을 달성하기 위해 자신의 명예는 물론 모든 것을 걸었다. 그들은 독자적인 꿈을 이루고 성공하기 위해 어떤 희생도 감수하면서 결단을 내렸다. 그들은 무엇도 두려워하지 않고 도전하려는 모험정신이 있었기에 그런 결단을 내릴 수 있었다. 그들은 희생을 치르면서 무에서 유를 창조했으며, 더 적극적인 자세를 취하게 되었고, 금전적인 보상도 받을 수 있었다.

동물학자 다이안 포시는 마운틴 고릴라의 생태를 연구하기 위해 직접 야생의 무리에 들어가는 위험한 방법을 시도하였다. 당시까지 사납고 위험한 고릴라를 가까이서 관찰한 연구자는 아무도 없었다. 그러나 멸종 위기에 처한 고릴라의 생태를 알기 위해 그녀는 울음소리를 비슷하게 내기도 하고, 고릴라가 좋아하는 셀러리를 생으로 먹기도 하였다. 그러자 고릴라들은 마음을 열고 마침내 다이안의 머리카락을 만질 정도로 친밀하게 되었다.

그 후 그녀가 발표한 논문으로 고릴라의 사교성이 처음으로 밝혀졌다.

이렇게 세상에서 가치 있는 일들은 거의가 쉬운 일이 없다. 그래서 많은 사람들이 기피한다. 남들이 해내기 어려운 일을 해냈을 때 만족감도 따르고 성공의 기회도 주어진다. 당신에게도 이런 모험정신이 있는가? 그렇다면 그것을 끄집어내는 순간 기회는 찾아온다.

두 번째는 좋아하는 일을 발견하는 것이다. 자신이 좋아하는 일을 할 때 그것에 성공의 기회가 있다. 좋아하는 일을 할 때 의욕도 넘치고 성과도 있다. 반면에 좋아하지 않는 일에는 보람도 느끼지 못하고 성공의 기회도 줄어든다.

아직 자신이 좋아하는 일이 무엇인지 모를 때 어떻게 하면 좋은가 하는 질문에 대해서 당신이 무엇을 좋아하는지 답해 줄 수 있는 사람은 오직 당신밖에 없다.

아직 젊기에 확실하게 무엇인지 모르면 많은 경험을 해보라. 스승이나 선배를 찾아가서 상의도 해보고 친구와 대화도 나누어보는 것이다. 그리고 책을 통해서 간접 경험을 많이 해보는 것이다. 비록 간접 경험이라도 많이 하면 할수록 잘못된 선택을 할 수 있는 확률은 줄어든다.

중세시대에 한 영주가 정원을 걷다가 일을 하고 있는 정원사가 눈에 띄었다. 그 정원사는 꼼꼼하게 정원을 손질하고 정성스럽게 화분을 조각하고 있었다. 그래서 영주는 그 정원사에게 물었다.

"정원을 잘 다듬어주고 화분을 조각한다고 해서 삯을 더 많이 주는 것도 아닌데, 왜 그렇게 정성을 다하는가?"

그러자 정원사는 이렇게 말했다.

"저는 이 정원과 조각을 좋아합니다. 나무 화분에 꽃을 새기는 것이 저의 즐거움입니다."

그 말을 들은 영주는 그 정원사에게 조각 공부를 시켰다. 그 정원사가 바로 역사상 가장 유명한 조각가, 건축가요,

화가인 미켈란젤로이다.

미켈란젤로는 대가와 관계없이 좋아하는 일을 하다가 기회를 만나게 된 것이다. 좋아하지 않았다면 열심히 그 일을 하지 않았을 것이며, 기회도 오지 않았을 것이다.

경쟁사회에서 다른 사람을 이기기 위해서는 당신이 좋아하는 일에 승부를 걸어야 한다. 그러면 그것으로 당신은 누구와의 경쟁에서도 이길 수 있으며, 성공할 수 있는 기회를 만나게 된다.

세 번째는 잠재력을 발견해야 한다. 인간의 뇌는 무게가 약 150g정도이고, 세포 수는 약 140억 개 정도이다. 보통 사람은 자신의 뇌의 10% 정도도 사용하지 못한다. 아인슈타인 같은 천재도 뇌를 15%밖에 사용하지 못했다. 사람의 뇌는 무한한 잠재력을 가지고 있다. 잠재력은 누구나 동일하다. 다만 얼마나 개발하느냐가 성공의 관건이다. 잠재력을 개발하기 위해서는 먼저 내부에 숨어 있는 잠재력을 발견해야 한다.

"나는 어리석어. 나는 실패할 거야. 내가 잘하는 것은 아무것도 없어."이런 말은 당신의 잠재력을 없애는 말이다. 대신 "나는 할 수 있어. 나는 성공할 거야."이렇게 말한다면 당신의 잠재력은 발휘될 것이다.

잠재력을 발견하는 비결

잠재력을 발견하려면 어떻게 해야 할까?

- 진심으로 당신 자신을 칭찬하라. 진심이 가득한 마음으로 당신 자신을 칭찬하라. 그저 적당히 둘러대는 말로 모든 것이 좋다는 식으로 말하지 말라. 구체적으로 칭찬할 만한 것을 찾아서 칭찬하라. 좋은 점을 하나씩 칭찬해 보라. 칭찬할 때 잠재력은 극대화된다.

- 스스로에게 자기 암시의 말을 하라. 사람은 자기가 한 말을 자기가 제일 먼저 듣는다. 남에게 좋은 말을 하는 사람은 자기에게도 좋은 일이 일어난다. 그것은 자기가 제일 먼저 듣기 때문이다. 자신에게 좋은 말을 하면 몸이 말을 듣고 잠재력을 깨운다.

- 가능하다고 말하라. 불가능하다고 말하는 순간 모든 잠재력은 힘을 잃고 만다. 당신이 가능하다고 말하는

> 순간, 당신 안에 있는 잠재력은 활동하기 시작한다. 당신 자신에게 능력이 있다고 말해 보라. 가능하다고 말해 보라. 말하는 동시에 당신 안에 있는 잠재력은 활동하기 시작한다.

네 번째는 상상력을 발견하라. 윌리엄 E. 콘스티블은 인디애나주에 있는 석회 채굴장에서 무려 9년 동안이나 일을 했다. 어느 날 그는 지금까지 살아온 자신의 인생이 헛된 것임을 깨달았다. 삶의 목표도 없이 채굴장에서 하루하루를 보내는 삶이 참으로 의미가 없다고 생각했다. 그래서 남은 인생을 무엇인가 보람 있는 일을 하면서 보내기로 결심하고 그날 저녁 집으로 돌아가서 아내에게 말했다.

"나는 앞으로 반드시 변호사가 될 것이오."

그렇게 그는 다시 공부를 시작하여 인디애나 법과대학에 들어갔다. 그는 학교에 다니면서도 학비를 벌고 가족들의 생계를 위해 하루에 8시간씩 탄광 일을 했다. 그렇게 일을 하면서도 열심히 공부하여 인디애나 대학을 졸업할 때 만점 4점에 평균학점 3.95라는 놀라운 성적을 받았다. 그는

기회를 잡는 사람 놓치는 사람

졸업식장에서 "아내와 세 아이들이 진심으로 도와주어 고맙게 생각한다."라고 말하였다.

채굴 광산이라는 악조건에서 하루에 8시간이라는 중노동을 하면서 대학을 1등으로 졸업할 수 있었던 비결은 무엇일까? 그는 그 이유에 대해서 이렇게 말했다.

"나는 환경을 불평하지 않고, 나에게 주어진 환경에 대해서 오히려 감사하게 생각했습니다. 오히려 이러한 환경에서 기회가 올 것으로 생각하고 그 기회를 잡기 위해 노력했습니다." 그는 어쩔 수 없는 경우에는 30분이라도 시간을 내어서 공부를 하였다. 그는 공부할 기회를 스스로 만든 것이다.

그는 기회를 잡을 수 있었던 요인을 이렇게 말했다.

"채굴 광산에서 일을 하면서 9년을 보냈다는 사실이 내가 변호사가 될 수 없다는 진정한 이유가 아니라고 생각했습니다. 나는 날마다 내가 변호사가 된 모습을 상상했습니다."

상상력만으로 기회를 붙잡을 수 있다. 당신이 반짝이는 눈과 미소 짓는 얼굴과 따뜻한 인품을 가진 사람이라고 상상해 보라. 그러면 그런 사람이 된다. 반대로 추악하고 무기력하고 실패한 사람이라고 상상해 보라. 그러면 그런 사람으로 추락하고 말 것이다.

남다른 감성과 열정이
기회를 만든다
┃열정┃

첫째, 열정은 자신이 하는 일에 정성을 다하게 한다. 기회는 남다른 색깔과 감성, 그리고 뜨거운 열정으로부터 나온다. 열정은 하고 있는 일에 최선을 다하는 것이다. 열정은 목표를 이루고 말겠다는 굳센 의지이다.

재능이 있다고 해서 성공하는 것은 아니다. 대부분의 경우 선천적인 재능이 있느냐 없느냐가 중요한 것은 아니다. 그 기량을 최대한으로 발휘시킬 수 있느냐 하는 것이다.

대부분의 사람들은 낯선 일을 시작할 때 처음에는 관심을 가지고 시작하지만 점차 시간이 지나면서 일이 힘들어지고, 다른 사람이 그 일에서 자신을 추월했다고 생각하면 그 일에서 손을 뗀다. 하지만 지루하고 따분할지라도 포기하지 않고 계속 나아갈 때 기회가 온다.

물론 시행착오를 겪을 수도 있다. 오랜 시간이 걸릴 수도 있고, 가는 길에서 막다른 골목을 만나게 될지도 모른다. 그러나 다른 사람이 당신보다 재능이 더 좋아 보인다고 해서 포기해서는 안 된다. 대개의 경우 성패를 좌우하는 것은 재능이 아니라 끝까지 책임을 지는 추진력이다.

둘째, 열정은 당신만의 개성을 찾게 한다. 당신이 당신 주위의 사람들이 기대하는 것과 다르게 행동할 때 당신은 비로소 주위 사람들로부터 자유로운 몸이 되는 첫걸음을 딛게 된다.

한 유명한 오페라 가수는 무대 위에서 자신의 행동이 다르다는 것을 느꼈다. 무대 위에서는 그렇게 당당하게 연기를 하던 자신이 사교 모임에 와서는 안개처럼 사라지는 것을 느꼈다. 그녀는 자신의 모습이 아닌 다른 무엇, 다시 말해서 무대 밖에서도 스타가 되고 싶은 욕심으로 인해서 무대 밖의 행동은 부자연스러웠던 것이다. 결국 무대 밖에서는 그녀의 모습이 아니었던 것이다. 그리하여 그녀는 잘 알지도 못하는 이야기가 나와도 아는 척하면서 우쭐거릴 수밖에 없었던 것이다.

그녀는 자신의 그런 가식적인 모습에서 벗어나서 자신의 원래 모습으로 돌아갔을 때 성공할 수 있다는 것을 깨달았다. 그때부터 그녀는 모임에서 사람들에게 억지로 감동을 주려고 하지 않고 귀를 기울였으며, 말을 할 때는 이목을 끌려고 하기보다는 남에게 도움이 되는 말을 하려고 힘썼다. 그때부터 사람들이 진정으로 자신을 좋아한다는 것을 깨달았다. 타고난 성품과 성격에 충실하다 보면 대다수의 사람들은 알게 모르게 자기 자신을 나타내는 규칙을 알게 된다. 자신만의 독특한 개성을 표현하는 것이 존재 이유가 된다. 자기 자신에 대한 열정이 이런 개성을 찾아서 나타내도록 한다. 자신만의 개성을 발견하여 그것을 발휘할 때 기회가 온다.

셋째, 열정은 다른 사람이 원하는 것에 관심을 갖게 한다. 다른 사람이 능력을 최대한 발휘하도록 도와주는 것을 단순히 등이나 두들겨 주는 것이라고 생각하는 사람들이 많다. 실제로 그들이 무엇을 신뢰하고, 무엇을 좋아하며, 무엇을 싫어하는 지를 자주 물어야 한다. 성실하고 열정이 있는 상사들은 부하들 말에 귀를 기울이고 그들의 입을 통해서 그들의 문제가 무엇인지를 스스로 찾는다.

넷째, 열정은 실패를 성공의 디딤돌로 생각하게 한다. 실패를 성공의 디딤돌로 만들 수 있다는 것은 그 사람의 또

다른 능력이다. 이런 능력은 열정이 있을 때 가능하다.

탁월함에 앞서 은총이 있어야 한다

뉴욕시 타운 홀에 데뷔한 젊은 성악가가 있었다. 이 성악가는 데뷔할 당시 데뷔할 만한 자질을 갖추지 못했기 때문에 비평가들로부터 혹평을 받았다. 흑인 여자인 이 성악가는 그녀가 다니던 교회의 신도들이 푼푼이 돈을 모아 성악가로 데뷔할 수 있었다. 그러나 그녀의 뉴욕에서의 데뷔가 완전히 실패로 끝났다. 그녀는 자신에게 성악가로서의 충분한 재능이 있음에도 불구하고 실패로 끝나자 실의에 빠졌다. 그러나 그때 그녀의 어머니의 충고로 다시 일어설 수 있었다. 그녀는 훗날 그 당시를 회고하면서 이렇게 말했다.

"내 목소리에 조금이라도 뛰어난 것이 있다면 그것은 자신감에서 우러나온 것이다. 나는 자신감과 함께 '탁월함에 앞서 은총이 있어야 한다.'는 어머니의 말씀으로 용기를 얻어 다시 일어설 수 있었다."

그렇게 하여 위대한 성악가로 다시 태어났다. 그녀가 바로 마리안 앤더슨이다.

자신감이 넘칠 때
기회가 만들어진다
❙자신감❙

오늘날 세계 아동들의 꿈의 궁전인 디즈니랜드를 만든 월트 디즈니는 죽기 전에 이렇게 말했다.

"내가 스무 살이 되었을 때 처음으로 파산했습니다. 나는 깡통에 든 차디찬 콩을 먹으면서 낡은 소파 위에서 잠을 잤습니다. 그리고 나는 헐리우드를 향해 출발했습니다. 나는 내가 할 수 없다고 생각하지 않았습니다. 나는 스스로 기회를 붙잡아 어떠한 일이든 시도하려는 자신감이 있었습니다."

월트 디즈니는 깡통에 든 차디찬 콩을 먹고, 낡은 소파에서 잠을 자는 비참한 생활 속에서도 스스로 기회를 잡겠다는 자신감이 있었다. 그 자신감이 오늘의 디즈니를 있게 했다. 월트 디즈니가 그렇게 자신감을 가졌다면 당신이라고 하지 못할 이유가 없다. 이제 자신감을 갖는 방법을 배우고 적용하자.

자신감이 결여되면 자신이 가지고 있는 능력을 최대한 발휘하기가 어렵다. 늘 불안하여 직장생활에서나 가정생활에서 성공하기가 어렵다. 자신감을 갖는 방법도 있으며, 그리고 시간과 노력을 들여 체득한 자신감은 좀처럼 무너지지 않는다. 그러면 자신감이란 도대체 무엇일까? 그리고 그 실체를 파악할 수 있을까?

　자신감이란 당신에게 주어진 어떤 문제에도 충분히 대처할 수 있으며 그것을 극복할 수 있다는 내면의 확신이다. 자신감이 넘치는 사람은 어떤 계획이라도 성공시킬 수 있다고 믿고 행동으로 옮긴다. 이런 패기와 믿음이 있으므로 어떠한 어려움이 닥쳐와도 전력을 기울여 사태를 대처할 수 있다. 많은 사람들은 일어나지도 않은 일을 끙끙 앓으면서 노력과 시간을 허비한다. 이것은 참으로 허무한 일이다.

자신감을 갖는 비결

　그러면 자신감을 가지기 위해서 어떻게 해야 할까?

　첫째로 자신감은 목표에서 출발한다. 자신감은 성공의 체험을 몇 번씩 되풀이하면서 얻어질 수 있는 경험의 산물이다. 회사에서나 가정에서 성공이 되풀이되면 자신감은 당신 몸 구석구석에 스며들게 된다.

일단 목표를 세워라. 그리고 그 목표를 달성하도록 최대한 노력하라. 그것이 크던 작던 성공을 거두게 되면 자신감은 붙는다.

둘째로 자신감은 신뢰를 기반으로 한다. 당신이 정말 자신감을 갖고 싶다면 다른 사람으로부터 신뢰를 얻는 데에 주력하면 된다. 동료, 상사, 부하, 고객 그리고 가족들로부터 신뢰를 얻게 되면 자신감은 저절로 따라온다.

셋째로 자신감을 보여주는 시작은 첫인상이다. 남에게 신뢰를 받기 위해서 가장 먼저 생각해 두어야 할 부분이 첫인상이다. 처음 만났을 때 신뢰를 얻기 위해서는 모든 것이 잘되고 있는 것처럼 보여주고 또 그렇게 행동해야 한다. 그리고 대화를 할 때 상대의 눈을 똑바로 보라. 남들과 함께 있을 때는 편안한 자세와 마음가짐을 취하라.

마지막으로 자신감을 체크하라. 스스로 할 수 있다는 신념과 긍정적인 마음 자세를 가지고 6개월마다 자신에 대한 대차대조표를 작성한다. 당신의 장점과 단점이 들어 있는 기록표를 작성하는 것이다. 일을 뒤로 미루는 단점이 있다면 그것을 목록에 적어놓고 정면으로 대결한다. 이 때는 제일 하기 싫은 일부터 한다. 이런 식으로 계속 하나씩 해결하다 보면 목록에 적혀 있는 단점들은 하나씩 없어질 것이다. 그러면 자신감이 자신도 모르게 붙는다.

사람과 사람 사이에 따듯한
공감으로부터 기회가 온다
▮공감▮

미국 코넬대학교의 존슨 경영대학원은 앞으로 10년 안에 비즈니스 리더에게 가장 요구되는 덕목 중의 하나가 '타인에 대한 공감능력'이라고 발표하였다. 비즈니스는 혼자서 할 수 없는 것이기에 공감능력은 더욱 필요한 요소가 된 것이다.

그러면 공감능력이란 무엇을 말하는 것일까?

우선 '공감'에 대해서 알아보기로 한다.

공감이란 말은 우리가 대화를 할 때 자주 사용하는 말로, 상대방의 뜻이나 생각에 동의할 때 "나는 당신의 말에 공감한다."라고 말한다. 그러면 여기서 사용된 공감이란 무엇을 말하는지 살펴보자.

'공감'이란 말의 의미는 서로 말이 통하고, 생각이 통하며, 느낌이 통하고, 마음이 통하는 것을 말한다. 따라서 공감능력이란 다른 사람의 감정이나 신념, 행동의 동기를 이해하고 전달받을 수 있는 능력을 말한다.

레오 톨스토이는 그의 저서 〈세 가지 질문〉에서 "세상에서 가장 중요한 때는 바로 지금 이 순간이며, 가장 중요한 사람은 지금 옆에 있는 사람이고, 가장 중요한 일은 지금 내 옆에 있는 사람을 위해서 좋은 일을 하는 것."이라고 하였다. 옆에 있는 사람을 위해서 좋은 일을 하는 것이 곧 공감이다.

공감은 대화할 때 경청에서부터 시작된다. 상대의 이야기를 집중하면서 듣는 과정에 공감이 생긴다. 경청을 하지 않고 건성으로 들으면 상대에게 공감할 수 없다. 먼저 마음을 열어 진지하게 경청할 때 공감하게 된다.

그 다음은 상대가 놓인 상황과 처지를 이해하는 것이다. 상대의 입장에서 생각하는 것이다. 그러면 이해가 되고, 공감하게 된다.

공감 능력이 뛰어난 사람은 자신의 감정을 그대로 표현하는 것이 어떤 결과를 가져올지를 고려해서 행동한다. 그러므로 공감 능력이 있어야 다른 사람과의 관계를 잘 유지할 수 있다. 오늘날은 무슨 일이든지 혼자 해서는 성공하기가 어렵다. 따라서 타인의 협조나 도움을 얻으려면 공감능력이 절대적으로 필요하다.

방송인으로 세계적으로 존경과 사랑을 받는 오프라 윈프리가 사회자로서 최초로 방송할 때의 일이다.

그 당시 처음 게스트로 출연하게 된 사람은 40대 여인으로 어린 시절 자신이 겪은 불행한 과거를 이야기했다. 조용히 경청하던 오프라 윈프리는 그녀를 이해하고 공감하는 마음으로 자신의 비참한 어린 시절을 이야기하였다. 윈프리의 과거는 게스트로 온 그 여인과 별 차이가 없이 불행하였다.

"당신이 그런 말을 하니 저도 옛날 기억이 납니다. 저도 할머니 집에서 살았는데 그때 친척들에게 많은 놀림을 당했고, 삼촌에게 얻어맞기도 했지요. 그 외에도 수없이……."

상대가 겪은 불행을 자신도 겪었다고 말함으로써 상대와 동등한 입장에 놓여지게 되고 이해하고 공감하게 되는 것이다. 그러자 게스트로 온 그 부인은 오히려 오프라를 위로하기 시작했다. 이제 오프라는 자신이 사회자가 아니라 게스트가 돼버렸다. 오프라는 거기에서 끝나는 것이 아니라 방송에서 차마 말하기 힘든 자신의 부끄러운 과거에 대해

기회를 잡는 사람 놓치는 사람

서 말하였다. 옆에서 지켜보던 PD와 스텝들은 오프라에게 그런 말을 하지 말라고 여러 번 사인을 보냈지만 그녀는 계속해서 말했다. 게스트로 온 그 여인은 자신의 과거와 비슷한 오프라에게 호감을 갖게 되고 공감을 표시하였다. 오프라 윈프리가 자신이 겪은 불행한 과거를 말하는 것은 상대를 이해한다는 표시였다.

그로 인해서 상대로부터 공감을 이끌어내었다. 그 부인은 슬픔을 참지 못하고 흐느끼기 시작했다.

마침내 두 사람은 부둥켜안고 눈물을 흘렸다. 방송을 통해서 이 광경을 목도한 미국인들은 큰 감동을 받았다. 그로인해 이 프로가 대박을 터뜨렸다. 그 시간대에 최고의 시청률을 기록한 것은 물론이다. 이것은 모두 오프라 윈프리가 상대를 이해하고 공감을 표시한 덕분이다.

공감능력을 키우는 방법

공감능력을 키우려면 개인간의 차이가 있다는 것을 알아야 한다. 사람과 사람 사이에 차이가 있다고 해도 그것은 사소한 차이일 뿐이다. 그러나 이 작은 차이가 세상에서 큰 차이로 부각될 수 있다. 사람 사이의 차이는 사고력, 감수성, 행동 세 가지 면에서 구분되어야 한다. 그렇다면 차이는 어디에서 발생하는 것일까? 남을 이해하기 위해서는 이 점을 알아야 한다.

사람의 사고방식은 그 사람의 지능, 교육수준, 논리적 사고능력에 따라 발생하며, 사람의 감정은 공격성, 노여움과 폭발성에 따라 규제를 받으며, 사고방식, 체력, 인내심, 협조성에 따라 행동이 좌우된다.

이런 점을 이해하고 남과 어떤 점에서 차이가 있는가를 이해해두는 것이 좋다. 이해가 될 때 공감할 수 있으며, 공감할 때 그 사람과 따뜻한 교류가 가능하다.

마음의 문을 여는
기술로부터 기회가 온다
┃의사전달력┃

기회는 사람으로부터 오며, 사람이 갖다 준다. 따라서 기회를 만들기 위해서는 상대를 이해시켜야 한다. 자신의 생각이나 의지, 그리고 원하는 것을 상대가 이해하도록 만들어야 한다. 그러기 위해서는 나의 의사를 상대에게 전달하는 전달력이 필요하다.

그리고 상대의 마음을 열도록 만들어야 한다.

마음의 문을 여는 기술이란 커뮤니케이션을 말한다. 커뮤니케이션이란 언어로 의사를 소통하고 우리의 감정을 나타내는 것, 즉 의사소통을 말한다. 의사소통이 단절되면 커다란 오해와 문제를 일으킬 수 있다. 의사소통이 원활할 때 상대로부터 기회를 얻을 수 있다. 당신이 원하고 바라는 것이 무엇인지 정확하게 상대에게 전달할 수 있을 때 상대는 당신이 바라고 원하는 것을 줄 수 있다.

상대와의 대화에서 리드할 수 있는 능력은 누구에게나 성공으로 이끄는 충분한 수완으로 작용한다. 그러나 이것은 쉽고도 어려운 일이므로 누구나 얻기를 원하지만 쉽게 얻기란 까다로운 능력이다. 이런 능력은 거의가 습관에서 나온다. 따라서 의사전달 능력을 높이기 위해서는 먼저 자신의 의사전달 습관에서 다음 네 가지를 체크해야 한다.

의사전달 습관에서 체크해야 할 네 가지 사항

첫째, 상대가 저지른 잘못을 합리화하지 말라.

직장에서 자주 지각하는 부하를 나무랄 때 "요즘 왜 계속 지각하는가? 하기야 자네 같이 술을 좋아하는 사람이 지각하지 않을 수 없지."라고 말한다. 이런 말은 상대의 잘못을 인정해주는 듯한 뜻이 들어 있어서 상대는 나쁜 습관을 고칠 수 없다.

둘째, 자신의 요구가 정당했다면 사과하지 말라.

직장에서나 가정에서 어떤 요구를 해놓고 나중에 그것이 지나쳤다고 생각해서 사과하는 일은 대개 두려움과 죄책감에서 비롯된다. 예를 들어서 당신이 부하에게 일을 시켰는데 제때에 하지 못했다고 야단을 쳐놓고 "내가 조금 기다리면 될 걸 조금 성급했지.”하고 사과를 하는 것은 대개 죄책감과 두려움에서 비롯된 것이다. 이런 식으로 취소하면 존경심을 잃게 된다.

셋째, ‘만약’이나 ‘하지만’ 같은 말을 사용하지 말라.

“그 보고서는 이번 토요일까지 작성해야 하는데, 하지만 다음 주에 출장을 갈 테니까 여유가 있을지도 모르겠네. 그리고 만약 일이 잘못되면 필요 없을지도 몰라.”

‘만약’이나 ‘하지만’ 같은 용어를 사용하면 상대가 여유를 가지고 일을 처리하게 된다. 따라서 단호하게 명령해야 한다.

넷째, 자신의 위치는 자신이 지켜야 한다.

“자네가 이 일을 해야 한다고 사장님께서 말씀하셨어.”하는 식으로 말하면 책임은 지지 않을 수 있으나 자신을 사장의 하수인으로 취급하는 모양새가 된다. 이런 사람들은 거의가 줏대가 없는 사람이다.

의사전달 습관을 고칠 때 고려해야 할 사항

만약 당신의 의사전달 습관에 문제가 있다고 생각한다면 즉시 고치도록 노력해야 한다. 나쁜 습관을 고칠 때 고려해야 할 사항으로 다음과 같은 점을 들 수 있다.

첫째는 터놓고 솔직하게 이야기한다. 특히 아랫사람과의 의사소통에서 문제가 있을 때 터놓고 이야기하지 않는 경우가 많다. 솔직하게 말하지 않아도 상대방이 알아서 할 수 있겠지 하고 지레짐작하기 때문이다. 이런 태도는 불필요한 오해를 낳을 수 있다.

둘째는 문제가 생기면 즉시 대처한다. 곤란한 문제가 생겼다고 회피하다 보면 점점 더 심각해져서 돌이키기 어려운 상태가 된다. 사소한 문제라도 일찍이 대응해서 상대방에게 자신이 원하는 것이 무엇인지 알리는 것이 좋다.

셋째는 분노와 단호한 태도를 구분하라. 화가 났을 때 단호한 태도를 보이는 것은 일종의 도피 행위이다. 오해하여 당신의 침착한 태도가 오히려 상대방에게 위압감을 준다.

마지막으로 직접적인 전달 방법에 간접적인 방법도 사용한다. 대화를 할 때 상대방의 눈을 응시한다. 당신의 주장만 되풀이하지 말고 적당히 침묵을 유지한다면 의사를 훨씬 효과적으로 전달할 수 있다. 좋지 못한 당신의 의사전달 습관을 고쳐서 상대방에게 당신의 뜻을 분명하게 전달할 수 있을 때 상대가 당신이 원하는 것을 이해하고 상대로부터 그것을 얻을 수 있는 기회가 주어진다.

끝까지 믿을 수 있는 사람이
기회를 만들어준다

▌처세▌

　기회는 사람이 가져다준다. 사람을 통해서 찾아온다. 그러나 중요한 기회는 믿을 수 있는, 오른팔 같은 사람이 만들어준다. 따라서 성공을 가져다주는 중대한 기회를 만들기 위해서는 끝까지 믿을 수 있는 사람을 옆에 두어야 한다. 믿을 수 있는 사람이 중요한 것은 중요한 기회를 만들어주기 때문만은 아니다. 오늘날처럼 바쁘게 움직여야 하는 시대에 자신만의 시간을 갖는 것은 여간 힘든 일이 아니다. 이 문제를 해결해 주기도 한다. 그러므로 당신의 오른팔이 될 수 있는 부하를 육성하는 것이 매우 중요한 일 중의 하나이다. 이것은 기업이나 조직의 리더로서는 소홀히 해서는 안 되는 일이기도 하다.

　일을 맡길 수 있는 오른팔 부하를 양성하는 일이 중요한 것은 다음과 같은 이유에서이다.

첫째, 당신의 오른팔이 당신 양어깨를 누르고 있는 중책을 가볍게 해줌으로써 회사의 일이나 조직의 일에 전념할 수 있다.

둘째는 당신이 예기치 않은 사고나 질병으로 장기간 휴식을 취할 때에 마음 놓고 쉴 수가 있다. 작은 기업에서는 경영자가 쓰러졌을 때 유족 가운데 맡길 수 있는 사람이 없는 경우가 많다. 유능한 인재를 확보하는 것은 다른 의미로는 후계자를 양성하는 일이기도 하다. 그러면 당신의 오른팔이 될 사람을 어떻게 파악할 수 있을까?

당신의 사업 경험에서 좋은 점만 흡수할 수 있는 사람을 선택하면 된다. 오른팔이 될 인물의 자질로 가장 중요한 것은 솔선수범하는 타입이어야 한다.

오른팔이 될 부하에게는 반드시 가르쳐야 할 몇 가지가 있다. 무엇보다도 그에게 업무를 가르쳐야 한다. 새로운 책무에 대해서 모든 사실을 파악하고 있는지 확인하라. 그가 할 일은 무엇이고 어떻게 해야 하는가를 명확하게 설명한다. 다음으로는 그의 길을 평탄하게 만들어주어야 한다. 책임 범위가 어느 정도인지를 알리고 나중에 문제가 일어나지 않도록 주의를 준다.

그리고 그와 정보를 공유해야 한다. 그가 마음껏 일할 수 있도록 당신의 계획이나 추진 과정, 그리고 수단에 대해서 끊임없이 정보를 제공한다.

그에게 실패도 가르쳐 주어야 한다. 누구든지 잘못할 수 있다. 그가 실수에서 많은 것을 배우도록 도와야 한다.

그런데 문제는 믿을 수 있는, 성의 있는 사람을 어떻게 알아보는가 하는 것이다.

일을 맡길 수 있는 오른팔이라고 생각해서 온갖 정성을 다 들였으나 배신을 당하는 경우가 많다.

믿을 수 있는 사람을 알아보는 방법

어느 조직에서나 소위 팔방미인이라고 불리는 사람이 있다. 입담 좋고, 비위나 분위기를 잘 맞춘다. 남의 안색을 살피는 데에 뛰어나며, 사람의 기분을 맞추는 말을 잘 한다. 그러나 그들은 자신의 뚜렷한 주관을 갖추지 못하고 상대방의 의중을 파악한 뒤, 은근히 그에 편승하는 사람이다. 언뜻 보면 성의 있어 보이는 행동을 하는 것 같지만, 그것은 다른 사람의 지탄의 대상이 되지 않기 위해서 하는 행동으로 진심으로 우러나는 행동은 아니다. 겉보기에는 처세를 잘 하고, 남의 비위를 잘 맞추기 때문에 마음에 편하다는 느낌이 들어 급속히 친구관계가 형성될 뿐이다.

그러나 오래 사귀다 보면 결국은 믿을 수 없는 사람임을 알게 된다. 겉으로는 걱정해 주는 척하지만 속마음은 전혀 다른 생각을 하고 있으며 무엇이든지 부탁하면 받아주기는 하지만, 한 번도 고충을 해결해 주는 사례가 없다. 다른 사람이 싫어하는 말은 하지 않지만 특별히 다른 사람에게 도움이 되는 말을 하지 않는다.

요컨대 당신의 편인지 내 편인지 구분이 안 되는 사람이다. 이런 사람은 절대로 오른팔이 될 수 없다. 오른팔을 만들었을 때 멀지 않아 떠나갈 것은 뻔하다.

성의를 다해서 대하면
기회가 온다
❙기회❙

사람을 사귀다 보면 '성의가 없다'는 말을 종종 듣는다. 기대에 못 미치거나 성에 차지 않을 때 털어놓는 일종의 불만이다.

'성의 없다'는 말을 듣게 되면 상대로부터 어떤 것도 기대할 수가 없다. 성의 없는 사람에게 무엇이라도 줄 수 있는 사람은 세상에 아무도 없다. '성의'는 인간관계에서 자신이 원하는 것을 얻는 기초라고 할 수 있다.

그러면 사람들은 성의를 왜 그토록 중요시할까? 성의는 마음이기 때문이다.

사람과 사람이 사귀는 것은 결국 마음과 마음의 문제이다. 아무리 화술이 뛰어나다고 해도 마음이 담겨지지 않으면 받아들여지지 않는 법이다. 다른 사람을 위해 최선을 다하고 자신도 손해를 볼 수 있다는 희생정신이 없다면 사람들은 그런 사람을 성의 있는 사람이라고 말하지 않는다.

진정한 의미의 성의는 상대방이 곤경에 처했을 때, 가급적 상대방에게 힘이 되어주려고 노력하는 과정에 나타난다. 그렇다고 상대방에게 과중한 대가를 기대하는 것도 아니고, 당신의 일방적인 희생을 요구하는 것도 아니다. 그러나 도피하게 되면 결국 모든 것을 잃게 되는 결과를 가져올 수 있다. 이것을 꿰뚫어볼 줄 아는 지혜가 필요하다.

인간 사회에서 성의를 증명하기 위해선 좀 야비한 측면이 있기는 하지만, 마음의 굳은 결의를 보이고 상대에게 당신이 할 수 있는 만큼의 최대한 노력을 했다는 증거를 보인다면 인정을 받을 수 있는 측면이 있다. 상대방을 위한 당신의 노력이 그에게 공감을 준다면 상대는 비로소 당신이 그를 위하여 할 수 있는 만큼의 모든 행동을 했다는 안도감에 의해 일단 당신의 노력을 인정하고 그리고 그것을 받아들이는 일종의 악폐가 지극히 당연한 것으로 받아들여진다.

성의를 다하는 것과 돈 문제

성의를 다한다는 것은 실제 일어난 문제에 대해서 그 문제의 성격과 내용을 정확히 이해하고 그것에 필적하는 결

기회를 잡는 사람 놓치는 사람

과를 이끌어 내기 위해 노력하는 것까지를 의미한다. 따라서 상대방을 위해 봉사하기 위해서는 어느 정도의 노력이 필요하다.

"좋은 목자는 양의 털을 깎을지라도, 가죽을 벗기지는 않는다." 티베리우스의 말로 성의가 무엇인지를 잘 나타내는 말이다.

인간관계에서 성의란 그러한 한계에도 불구하고 항상 최선을 다하는 노력이 요구된다. 이런 노력을 다할 때 상대는 당신에게 기회를 제공할 것이다.

인간관계에서 성의를 다하는 방법으로 돈 쓰는 것을 무시할 수 없다. 아무리 마음으로 대하고 성의를 다한다고 해도 돈에 인색하면 환영받지 못한다. 인간관계에서 돈 문제를 무시할 수 없다. 모든 것이 돈에 의해서 야기되고 돈에 의해서 해결된다. 따라서 교제술에서 과감하게 돈을 쓰는 것이 때로는 필요하다. 주머니에 넣은 돈이 구겨지고 닳아 없어질 때까지 쓰지 않겠다는 정신자세로는 친구를 만들 수 없으며, 인간관계에서 성의를 다하는 사람이라는 소리를 들을 수 없다.

사람과 교제를 하기 위해서 돈이 필요하다. 그것도 푼돈이 아닌, 기분을 맞출 수 있는 돈이 있어야 한다. 그런 돈을 쓸 때 성의를 다한다고 할 수 있다. 빈말만으로는 성의를 다한다고 할 수 없다.